초등학생이 꼭 알아야 할

암석과 광물

초등학생이 꼭 알아야 할

암석과 광물

ROCKS, MINERALS & GEMS

Copyright © 2016 by Scholastic Inc.

All rights reserved.

This Korean edition was published by DARUN Publisher in 2022 by arrangement with Scholastic Inc., 557 Broadway, New York, NY 10012, USA through KCC(Korea Copyright Center Inc.), Seoul.

이 책은 (주)한국저작권센터(KCC)를 통한 저작권자와의 독점 계약으로 다른에서 출간되었습니다. 저작권법에 의해 한국 내에서 보호를 받는 저작물이므로 무단 전재와 복제를 금합니다.

들어가는 글 6
집중 조명 8

광물 14

광물 전시관 16
구리 18
루비 결정, 적동석 21
공작석 22
흑연 24
백금 26
철 28
바보의 금 31
금 32
은 34
점토 광물 36
점토 전사들 39
감람석 40
운석 전시관 42
장석 44
지르콘 46
회중석 48
다양한 광물 50
크로뮴철석 52
방연석 54
방연석과 석영 57
적철석 58
자철석 60
금속 광물 63
옥수 64

붕사 66
철반석 68
형석 70
빛과 어둠 73
방해석 74
방해석 그물 77
중정석 78
섬아연석 80
진사 83
황비철석 84
비소 광물 87

암석 88
화성암 90
화강암 92
현무암 94
페그마타이트 96
화산의 황무지 99
응회암 100
부석 102
흑요석 104
흑요석 띠 구조 107
반려암 108
조립현무암 109
퇴적암 110
석회암 112
타임캡슐 115
백악 116
각력암 118

셰일 119
화석 전시관 120
사암 122
사암 협곡 125
석회화 126
암염 128
석고 129
다양한 퇴적암 130
석탄 132
땅속 매장지 135
수석 136
변성암 138
대리암 140
자연의 불가사의 143
편암 144
편마암 145
규암 146
섬전암 147
점판암 148
검은 점판암 지형 151
혼펠스 152
각섬암 154
유휘암 155

보석 156
보석 전시관 158
석류석 160
녹주석 162
에메랄드 164

보석 발견 167
아쿠아마린 168
전기석 170
보석 품질의 전기석 173
마노 174
석영 176
특별한 석영 179
자수정 180
황수정 183
오팔 184
보석용 원석 187
황옥 188
다양한 보석 190
사파이어 192
루비 194
다이아몬드 196
다이아몬드 결정 199
터키석 200
옥 202
청금석 204
흑옥 205
진주 206
산호 207
아름다운 붉은 존재 209
호박 210
완벽한 보존 213

단어 풀이 214

목차

들어가는 글

세상의 암석과 광물은 경이로운 물질이에요. 대부분 우리 발아래 수 킬로미터 깊이에 자리한 천연 용광로에서 탄생하지요. 암석과 광물은 우리가 딛고 서 있는 땅을 이루고 우리 삶을 편리하게 하는 재료가 된답니다.

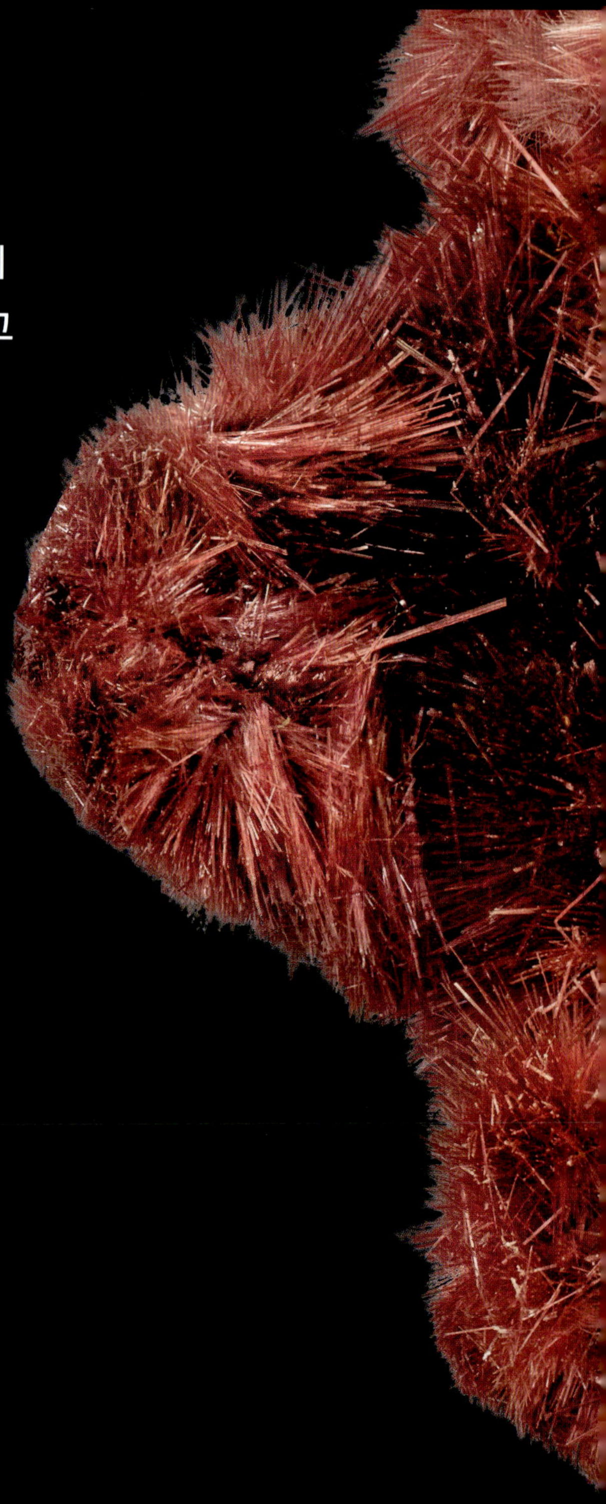

우리는 세상을 구성하는 기본 원소들의 존재를 아주 당연하게 받아들여요. 이러한 물질들의 이야기가 산맥을 밀어 올리는 대륙지각 아래의 어마어마한 열과 압력에서 시작한다는 사실이 마법처럼 느껴질 수도 있어요. 평범한 돌멩이 이야기를 들어 보세요. 마그마에서 태어나 화산으로 분출되어 쌓이고 깎인 암석이 주변이나 발밑에서 흔하게 만날 수 있는, 평범하지만 가치 있는 돌이 됐어요.

이 책은 철로의 자갈부터 왕관 위에서 반짝이는 멋진 보석까지 모든 물질이 어떻게 수십억 년 동안 지구의 일부가 됐는지에 대해 알려 줄 거예요. 그리고 이런 물질들이 무엇으로 이루어졌고 어디서 찾을 수 있는지, 인간의 산업과 예술, 과학 속에서 어떤 방식으로 쓰이는지 설명할 거랍니다.

제임스 D. 웹스터 교수
미국자연사박물관
지구과학 및 천문학부

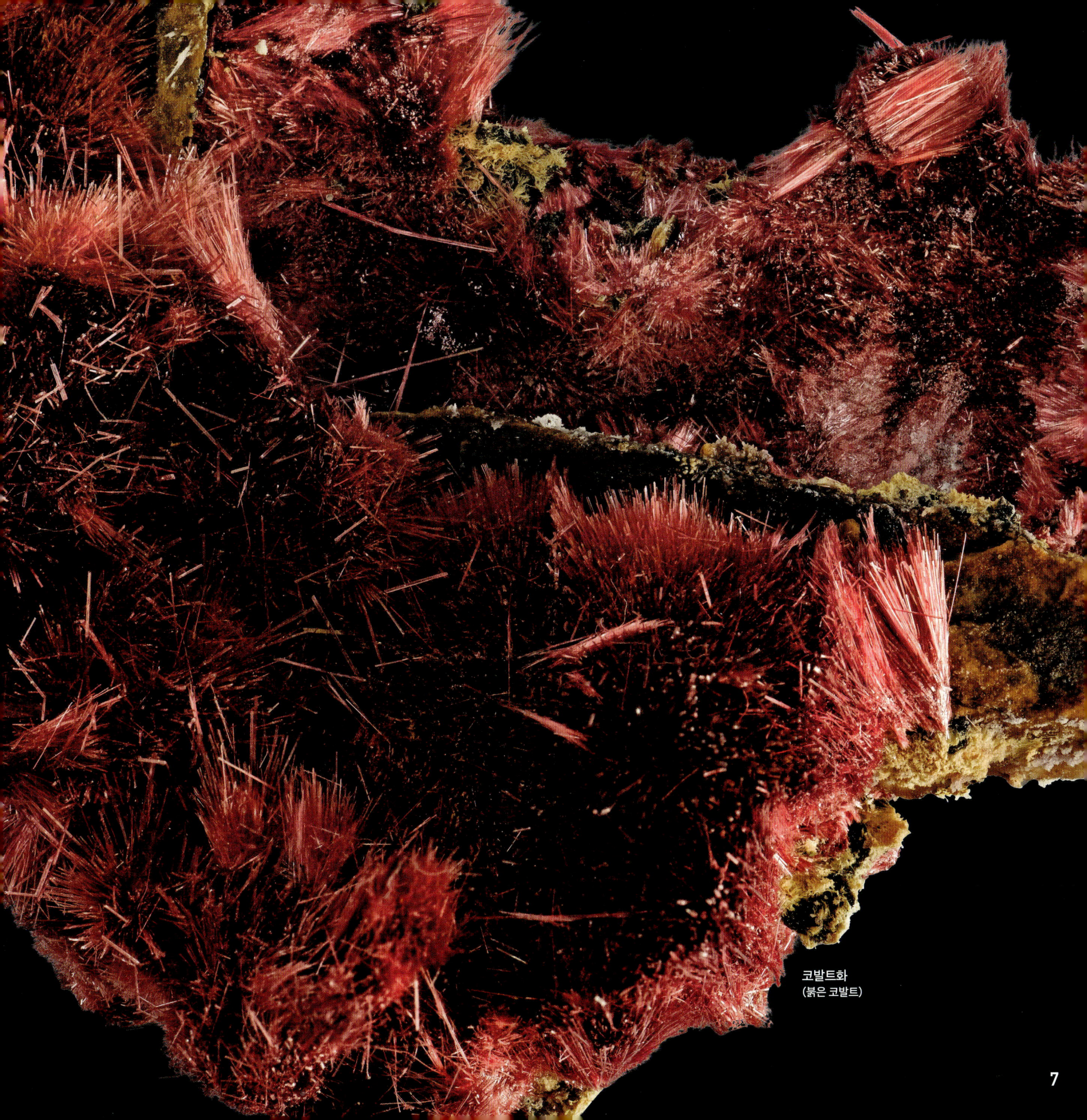

코발트화
(붉은 코발트)

집중 조명 | 광물

광물은 수백 가지 방식으로 우리의 삶에 닿아 있어요. 천연 물질인 광물은 세상의 암석 대부분을 구성하고 우리가 사용하는 기계나 건물에 들어갈 뿐만 아니라 우리 몸속에도 존재하지요. 때로는 이들을 몸에 걸치기도 해요!

남정석

광물은 무엇일까?

광물은 자연적으로 발생하는 무기물이에요. 대부분 생물이 아닌 것에서 만들어진다는 뜻이지요. 광물은 표준 온도와 압력에서 고체 형태를 하고 있어요. 예를 들어 물은 얼어서 얼음이 됐을 때만 광물이라고 해요. 광물은 내부 구조가 가지런해요. 원자가 규칙적이고 반복되는 양상으로 배열을 이루기 때문이지요. 광물의 화학조성은 원소기호로 표현할 수 있어요. 예를 들어 구리는 'Cu'랍니다.

광물 제련

광물은 뜨겁게 녹아내린 암석인 마그마가 차갑게 식으면서 탄생해요. 원자 집단이 하나로 모이며 결정을 이루어요. 여기에 더 많은 원자가 달라붙으면서 결정이 점점 자라지요. 일부 광물은 물이 증발하거나 식는 과정에서 만들어지기도 해요. 공기나 산소가 풍부한 물이 이미 존재하는 광물을 화학적으로 바꾸면서 새로운 광물이 탄생할 때도 있지요. 압력이나 열에 의해 오래된 광물의 형태가 바뀌는 재결정화라는 과정을 통해서도 광물이 탄생할 수 있어요. 광물은 암석이나 모래, 토양, 땅속 깊은 곳은 물론이고 지구의 표면에서도 찾을 수 있어요. 광물을 연구하는 과학을 광물학, 광물학을 연구하는 사람들을 광물학자라고 한답니다.

광물 표본

방연석에 자란 황산연 결정 / 적철석 / 옥수 / 중정석 석순 / 자연은 / 조개껍데기 속 남철석 결정

석영에 자란 형석 / 백철석에 자란 구체 방연석 / 적철석에 색이 물든 방해석

모암에서 자란 붉은 계관석 결정

집중 조명 | 암석

우리는 암석 없이 살 수 없어요. 암석이 없다면 건물을 짓거나 발을 디디고 설 곳조차 없을 거예요! 암석은 뜨거운 마그마가 끈적한 물풀처럼 천천히 흐르는 두꺼운 층 위에 모여 지각을 이루어요. 어마어마하게 높은 온도에서 지표면으로 올라온 마그마는 식어서 고체로 변하며 암석이 되지요. 이렇게 만들어진 암석은 산이나 바다 밑바닥을 구성한답니다.

성게 화석

암석은 무엇일까?

암석은 수백만 년 동안 변화하며 다양한 모습으로 재탄생해요. 이 과정을 '암석의 순환'이라고 하지요. 암석은 크게 화성암·퇴적암·변성암 3가지로 나눈답니다.

화성암

화성암은 지각 아래에서 뜨겁게 녹아 있는 마그마에서 태어나요. 그중에서도 땅속에서 식으며 단단해진 화성암을 관입암 또는 심성암이라고 하지요. 일부 마그마는 균열을 통해 조금씩 새어 나오거나 용암으로 분출하며 올라오기도 해요. 이런 화성암은 분출암 또는 화산암이라고 불러요. 작은 마그마 방울은 몇 시간 내로 식어 고체가 될 수 있지만, 거대한 마그마 웅덩이는 다 식을 때까지 몇 주가 걸리기도 한답니다.

퇴적암

퇴적암은 얼음이나 바람, 물에 의해 깎인 암석 알갱이가 쌓이는 퇴적 과정을 통해 만들어져요. 퇴적된 알갱이를 퇴적물이라고 한답니다. 퇴적물이 바람을 타고 이동하거나 물에 씻겨 내려가거나 빙하에 의해 새로운 장소로 이동하는 과정에서 암석 알갱이가 눌리고 뭉치며 단단하게 변하지요. 물속에 가라앉아 쌓인 모래 침전물은 잔해가 쌓일 때 물속에서 만들어진 천연 시멘트로 인해 하나로 뭉쳐져요. 퇴적암에는 풍화로 형성되는 쇄질성 퇴적암과 광물이 용해되거나 갈라지면서 만들어지는 화학 기원 퇴적암, 동물이나 식물 잔해에서 발생하는 생물 기원 퇴적암 3종류가 있어요.

흑운모질 편마암

셰일

변성암

변성암은 지각 아래에 묻힌 암석이나 퇴적물이 녹을 정도는 아니지만 엄청나게 높은 온도를 만나거나 압력을 받아 부서질 때, 또는 둘 모두가 함께 발생할 때 생겨요. 이런 환경에서 암석은 화학 구조가 바뀌어 새로운 광물로 변하지요. 변성암에는 2가지 종류가 있어요. 엽리성 변성암은 압력으로 재결정을 이룬 광물층이 쌓이거나 구부러진 형태예요. 비엽리성 변성암은 덩어리진 형태로 존재하고 층이 없답니다.

암석 표본

화강암 (화성암)

텍타이트 (변성암)

녹색 대리암 (변성암)

눈송이 무늬 흑요석 (화성암)

귀석류석을 포함한 흑운모질 편암 (변성암)

혼성암 (변성암)

석영사암 (퇴적암)

처트 (퇴적암)

석회화 (퇴적암)

집중 조명 | 보석

보석은 대부분 세공하지 않았을 때 평범한 돌처럼 보여요. 하지만 자르고 다듬으면 반짝임과 광택이 두드러지며 밝게 빛나지요. 더 크고 투명할수록 보석의 가치는 올라가요. 보석은 반지나 목걸이의 재료가 되거나 왕관 위에서 반짝이곤 해요.

다이아몬드 원석

보석은 어떻게 만들어질까?

화산에서 뜨거운 마그마가 분출한 뒤 광물을 머금은 뜨거운 물이 화산 도관(마그마가 지상으로 나가며 만든 통로)을 채우면 보석이 만들어질 수 있어요. 내부 결정이 큰 화강암류인 페그마타이트 안에서 희귀 광물이 농축하며 보석을 만들기도 해요. 엄청난 열기와 압력에서는 아주 적은 양의 물질로도 광물의 색이 변할 수 있어요. 예를 들어 루비와 사파이어는 모두 강옥이라는 광물이에요. 강옥에 아주 적은 양의 크로뮴이 들어가면 붉은 루비, 철이나 타이타늄과 같은 다른 물질이 들어가면 청록색의 사파이어가 된답니다.

보석의 아름다움

보통 투명도와 색상, 연마도, 무게의 4가지 기준으로 보석을 분류해요. 완벽하게 투명한 것도 있지만 대부분 광물이나 유체, 공간, 실금을 포함한 내포물이 들어 있지요. 보석의 색상은 연마도와 마찬가지로 가치에 영향을 주어요. 고대에는 캐롭 나무의 열매(캐럿)로 보석의 무게를 쟀지요. 지금도 보석의 표준 무게 단위는 캐럿이랍니다.

황수정

세공한 다이아몬드

수박 전기석

보석 표본

에메랄드

터키석

루비

사람들은 아주 오래전부터 모조 보석을 만들어 왔어요. 작은 돌이나 유리 반죽, 가공한 광물을 이용해 장신구를 만들거나 동상과 여러 장소를 장식하곤 했지요. 하지만 어떤 모조품도 눈부신 천연 다이아몬드나 루비만큼 아름답게 반짝이진 못한답니다.

모암에 자란 지르콘 결정

전기석

청금석

녹색 녹주석

광물의 종류는 5,000가지가 넘지만 지각에서 흔한 광물은 약 30종류뿐이에요.
지구의 광물은 쉽게 부서지지 않는 단순한 물질, 즉 원소에서 자연적으로 탄생해요.
금이나 구리는 오직 하나의 원소만으로 이루어지지만 광물 대부분은 이미 알려진
118가지 원소 중에 2개 또는 그 이상이 혼합된 형태랍니다.

광물 전시관

땅속에서 태어난 광물은 다양하고 독특한 색을 띠어요. 광물은 모두 특별한 특징이 있어서 보석만큼이나 귀중하답니다. 물에 녹는 광물이 있는가 하면 엄청난 열과 압력을 견딜 수 있는 광물도 있지요. 광물의 쓰임새는 무궁무진해요. 세상의 중추라고 할 수 있지요.

금

'태양' 모양 황철광

지르콘

브로칸타이트

자연은

빙장석

천연 금덩이

녹연석
녹연석에는 광석을 채굴하기 충분한 양의 납이 들어 있곤 해요. 서로 다닥다닥 붙은 술통 모양 결정으로 나오는 경우가 많아요. 좀 더 큰 결정이 채굴되기도 하지요. 사진의 녹연석은 석영에 붙어 자랐어요.

구리

전이원소

구리는 전기를 좋아하고 세균을 싫어하는 광물이에요. 뛰어난 전기 전도체기 때문에 선처럼 길게 뽑아 전선으로 써요. 또한 해로운 미생물을 파괴하는 성질이 있어서 병원에서 사용하기도 해요. 구리는 인간이 처음으로 사용했던 금속일 가능성이 커요. 고대 이집트인들은 구리를 아끼고 사랑했으며 고대 로마인들은 채굴한 구리로 질 좋은 도구와 동전, 요리용 냄비를 만들었어요.

구리 표본

자연구리

갈철석에서 다발로 자란 구리

적동석(산화구리를 포함한 구리 광석)

황동석(황화철 구리 광석)

자연구리

종류: 원소광물(한 종류의 원소로 이루어진 광물)
화학식: Cu
산출 환경: 화산 현무암이나 퇴적층 근처, 열수 지역, 역암과 사암의 시멘트 일부
산지: 칠레, 미국, 인도네시아, 페루
색: 적동색부터 갈색, 새로 생긴 표면은 밝은 장밋빛
결정 형태: 울퉁불퉁한 덩어리, 드물게 입방정계나 12면체 형태의 결정
굳기: 2.5~3
쪼개짐: 없음
깨짐: 침상, 연성, 가단성
광택: 금속광택
조흔색: 금속광택을 지닌 적동색
비중: 8.9
투명도: 불투명
결정계: 입방정계
쓰임새: 물을 운반하는 구리관, 일부 초전도체, 동전, 전선, 전기통신선, 요리용 냄비, 연장, 장신구

피가 푸른 문어

남극해의 차가운 바닷물은 온도가 영하 18도까지 떨어지기 때문에 남극해의 동물들은 몸 구석구석으로 산소를 보내기 어려워요. 남극 문어는 기발한 방법으로 이 문제를 해결했답니다. 남극 문어의 몸속에는 헤모시아닌이라고 하는 구리 성분의 단백질이 있어 좀 더 효과적으로 산소를 운반해요. 그래서 남극 문어의 피는 파란색이랍니다.

구리 시료

구리는 자연에서 원소 형태로 존재하는 몇 안 되는 금속 가운데 하나예요. 다시 말해 다른 원소와 결합하지 않아요. 구리는 붉은 갈색의 덩어리 형태로 땅속에 묻힌 채 발견되기도 하지만, 채굴해 사용하기에는 휘동석이나 적동석과 같은 광석이 더 경제적이에요.

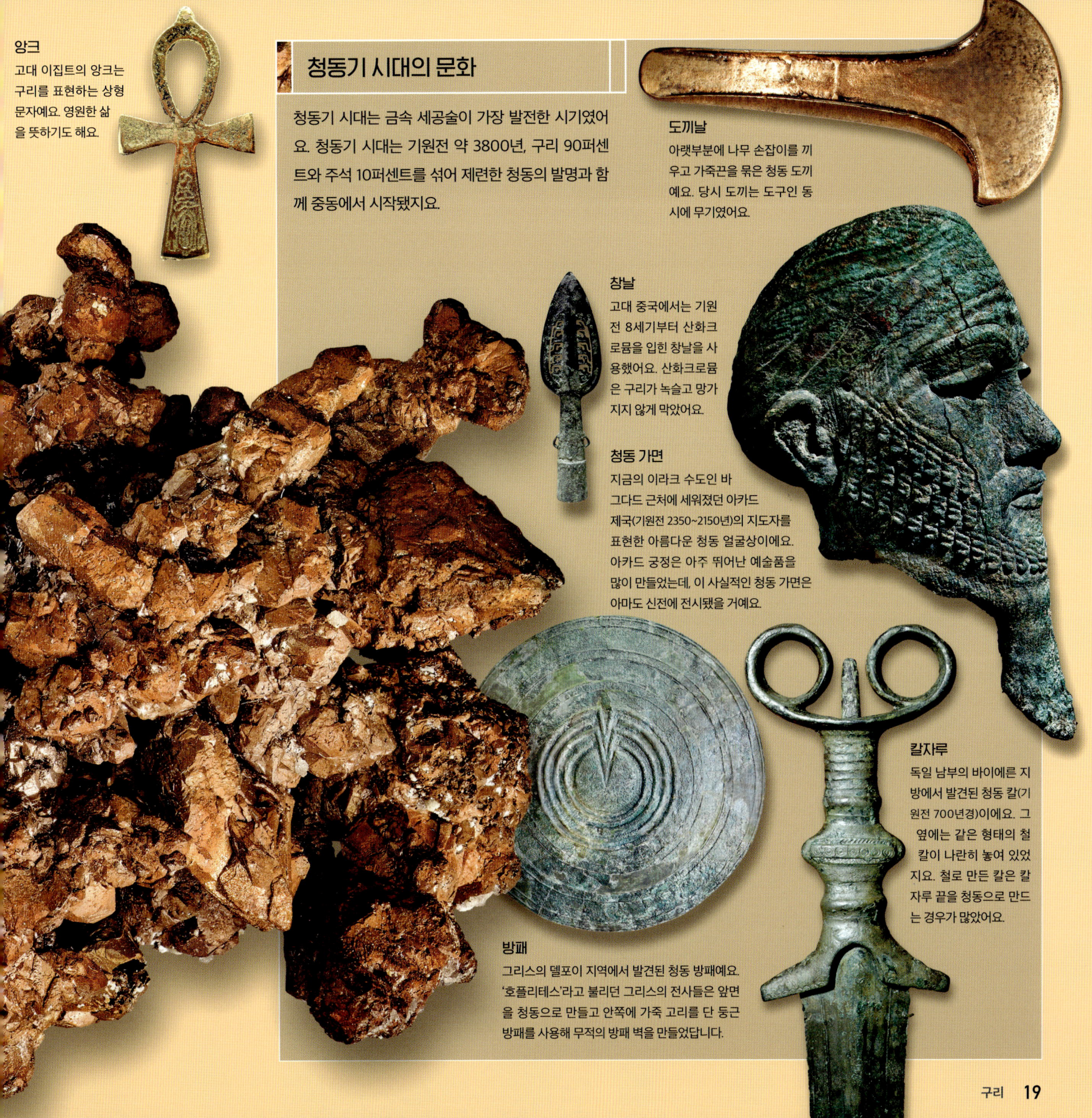

앙크
고대 이집트의 앙크는 구리를 표현하는 상형문자예요. 영원한 삶을 뜻하기도 해요.

청동기 시대의 문화

청동기 시대는 금속 세공술이 가장 발전한 시기였어요. 청동기 시대는 기원전 약 3800년, 구리 90퍼센트와 주석 10퍼센트를 섞어 제련한 청동의 발명과 함께 중동에서 시작됐지요.

도끼날
아랫부분에 나무 손잡이를 끼우고 가죽끈을 묶은 청동 도끼예요. 당시 도끼는 도구인 동시에 무기였어요.

창날
고대 중국에서는 기원전 8세기부터 산화크로뮴을 입힌 창날을 사용했어요. 산화크로뮴은 구리가 녹슬고 망가지지 않게 막아줬어요.

청동 가면
지금의 이라크 수도인 바그다드 근처에 세워졌던 아카드 제국(기원전 2350~2150년)의 지도자를 표현한 아름다운 청동 얼굴상이에요. 아카드 궁정은 아주 뛰어난 예술품을 많이 만들었는데, 이 사실적인 청동 가면은 아마도 신전에 전시됐을 거예요.

칼자루
독일 남부의 바이에른 지방에서 발견된 청동 칼(기원전 700년경)이에요. 그 옆에는 같은 형태의 철 칼이 나란히 놓여 있었지요. 철로 만든 칼은 칼자루 끝을 청동으로 만드는 경우가 많았어요.

방패
그리스의 델포이 지역에서 발견된 청동 방패예요. '호플리테스'라고 불리던 그리스의 전사들은 앞면을 청동으로 만들고 안쪽에 가죽 고리를 단 둥근 방패를 사용해 무적의 방패 벽을 만들었답니다.

루비 결정, 적동석

'루비 구리'라고도 알려진 적동석, 다시 말해 산화구리는 자연구리 퇴적물의 윗부분에서 흔하게 나와요. 구리 자체에 붉은 막이 생기며 만들어지기도 하지요. 사진의 투명하고 밝은 붉은색 결정은 미국 애리조나주 비스비 지역의 퀸 구리 광산에서 발견됐어요. 적동석이라는 이름은 '붉은 구리 광석'이라는 뜻이에요. 적동석은 다른 어떤 광물보다 구리를 많이 포함한답니다. 나미비아에서는 반짝이는 녹색의 공작석 막으로 뒤덮인 아주 커다란 적동석이 발견되기도 해요.

공작석

탄산구리 광물

지각 아래 깊은 곳에서 구리 광맥을 순환하는 물은 특별한 광물을 만들어요. 색이 절대 변하지 않는 녹색의 공작석이지요. 공작석은 부드러워서 여러 모양으로 만들기 쉬워요. 사람들은 공작석을 세공해 장신구를 만들거나, 잘게 부수어서 한때 예술가들이 사랑했던 녹색 염료를 만들었지요.

공작석 표본

층을 이룬 공작석 단면

바늘 모양 공작석

풍화된 황동석에 자란 공작석

종류: 탄산염

화학식: $Cu_2CO_3(OH)_2$

산출 환경: 퇴적암이나 변성암, 보통 푸른 남동석과 함께 띠 구조를 이루거나 그 근처에서 발견

산지: 러시아, 아프리카, 이스라엘, 영국, 프랑스, 미국, 오스트레일리아, 중국

색: 담녹색부터 암녹색, 가끔 띠 구조

결정 형태: 큰 껍질층, 긴 가시 다발, 띠 구조 덩어리, 포도상, 다발로 엮인 쌍바늘 또는 각기둥, 드물게 결정체

굳기: 3.5~4.0

쪼개짐: 한 면으로 완전 쪼개짐

깨짐: 아패각상 또는 불평탄

광택: 유리광택, 견사광택 또는 토상광택

조흔색: 담녹색

비중: 3.9~4

투명도: 반투명

결정계: 단사정계

쓰임새: 장식용 돌이나 조각용, 책상 상판, 꽃병, 장신구, 색소, 페인트, 적은 양의 구리 채취

공작석과 남동석 역암

적동석에 자란 공작석

녹색 미인

공작석이라는 이름은 공작새의 깃털을 닮은 생김새에서 나왔어요. 공작석은 부드러워서 다듬기 쉽고 시간이 흐르거나 빛에 닿아도 녹색이 흐려지지 않아요. 공작석은 석회암에서 만들어지기도 하는데 보통 종유석이나 작은 지하 동굴 표면을 덮은 형태로 존재하지요.

장신구
엄밀히 말해 보석은 아니지만, 보석처럼 쓰이는 광물을 준보석이라고 해요. 그중에서도 공작석은 더 많은 사랑을 받았어요. 고대 이집트인들은 공작석을 깎아 부적을 만들었지요.

공작석 염료
고대 이집트인들은 공작석 색소를 사용해 무덤 벽을 장식했고 15~16세기 유럽인들은 공작석을 물감으로 애용했어요. 위의 그림 〈동방박사의 예배〉를 그린 화가 페루지노는 짙은 녹색을 띠는 공작석 색소로 그림 속 인물들의 옷을 색칠했답니다.

종유석
공작석은 종유석이나 석순으로 발견되곤 해요. 이런 공작석을 가로로 잘라 다듬으면 밝고 짙은 녹색의 나이테가 나타나지요. 이런 '과녁 형태'의 공작석은 가치가 아주 높답니다.

마야의 가면
멕시코 팔렝케에서 발견된 붉은 여왕의 장례용 가면(서기 600~700년)은 공작석을 주재료로 약 220개의 조각을 이어 붙여 만들어졌어요. 가면의 눈 부분에는 옥과 흑요석을 끼워 넣었지요.

모스크바의 크렘린 궁전
러시아의 우랄산맥에는 공작석이 아주 많이 매장된 광산이 있어요. 러시아 황제는 공작석으로 장식품을 만들거나 궁전 벽면을 장식했지요. 크렘린 궁전의 현관은 눈에 띄는 공작석 기둥으로 유명해요.

흑연

탄소 광물

로켓과 테니스 라켓, 기름과 연관된 광물은 무엇일까요? 바로 흑연이에요. 다이아몬드의 사촌인 흑연은 테니스 장비와 로켓 분사구의 재료예요. 또 불에 약한 물질을 보호할 때도 쓰이지요. 흑연은 서로를 미끄러트리는 성질이 있는 아주 작은 조각으로 이루어져서 기름을 사용할 수 없는 기계의 마찰을 줄일 수 있어요. 유용한 정보지요? 연필의 흑연 심으로 적어 두세요!

종류: 원소광물

화학식: C

산출 환경: 화성암, 변성암-특히 편암과 점판암, 페그마타이트, 열수 광맥

산지: 중국, 인도, 브라질, 캐나다, 터키, 러시아, 스리랑카, 마다가스카르

색: 은회색부터 검은색까지

결정 형태: 뒤틀린 다발 또는 조각난 판 형태, 압축 괴상(덩어리), 드물게 육각 결정체

굳기: 1~2

쪼개짐: 저면, 완전 쪼개짐

깨짐: 불평탄

광택: 금속광택

조흔색: 검은색, 은색

비중: 1.9~2.3

투명도: 불투명

결정계: 육방정계

쓰임새: 아크등, 전지, 자동차의 브레이크라이닝, 기계 부품 간의 마찰을 줄여 주는 건식 윤활제(자동차의 제동자), 로켓, 방화문, 강철용 도가니, 황동과 청동 산업, 강철에 탄소 함유율을 높이기 위해 추가

흑연 표본

흑연을 포함한 편암

흑연석

금속 광택의 흑연석

흑연

천연 흑연

인상 흑연 또는 괴상 흑연은 자연에서 아주 드물고 품질이 좋은 천연 흑연이에요. 흑연은 대체로 순도 95~99퍼센트의 탄소로 이루어졌기 때문에 불투명하고 아주 부드러워 손톱으로도 쉽게 긁어낼 수 있어요. 다이아몬드(196~197쪽을 보세요)와 화학조성이 같지만, 분자구조는 완전히 달라요. 흑연의 탄소 원소는 겨우 원소 하나 두께의 층을 이루어요. 각 층이 서로 단단히 결합하지 않기 때문에 쉽게 쪼개지고 서로 미끄러지기 쉽답니다.

연필심

흑연은 잘 미끄러지고 층들이 쉽게 떨어져 나오기 때문에 글을 쓰기에 좋은 재료예요. 16세기 말 사람들은 실을 돌돌 말아 만든 흑연 막대를 널리 사용했어요. 그 후 구멍을 뚫은 나무 막대 안에 흑연을 넣은 지금의 연필이 탄생했답니다.

흑연 기술

흑연의 독특한 성질은 기술에 혁명을 일으켰어요. 이미 흑연을 채운 전지가 여러 전기 장치에 들어가 있고 강화된 탄소섬유가 항공 우주 비행체의 무게를 줄여 주지요. 흑연으로 만든 반도체는 머지않아 규소를 대신해 노트북에 쓰일 거예요.

지문

흑연 가루를 뿌리면 물체의 표면에 찍힌 지문이 드러나요. 흑연 가루는 수분이 남은 흔적에 붙어 눈에 띄게 해 준답니다.

기적의 물질

그래핀은 원자 하나 두께밖에 되지 않는 흑연 층으로 이루어져요. 벌집 구조를 한 그래핀은 강철보다 100배나 강하답니다. 식품용 랩 두께의 그래핀 막을 연필로 뚫기 위해서는 코끼리를 올려야 할 정도지요. 구부러지는 스크린과 같은 미래 기술에 활용할 수 있을 거예요.

내열성

천연 흑연은 열과 전기의 뛰어난 전도체이고 높은 온도에서도 안전해요. 극단적인 환경에서도 분해되거나 녹지 않기 때문에 뜨거운 물질을 다루는 산업용 도가니(위 사진)의 재료로 쓰이지요.

고성능

요즘 자전거 선수들은 탄소섬유를 선호해요! 최고의 성능을 자랑하는 도로 주행용 자전거의 재료거든요. 탄소섬유 자전거는 다른 자전거에 비해 최대 4배나 가볍고 튼튼한 데다 훨씬 편해요.

하늘의 힘

최신 기술을 활용한 항공기 상당수는 동체를 흑연 에폭시로 만들어요. 에폭시 수지에 탄소섬유를 넣어 만든 흑연 에폭시는 아주 튼튼하고 강하지만, 알루미늄보다 2배나 가벼워요.

백금

전이원소

16세기에 남아메리카를 정복했던 스페인 사람들은 콜롬비아에서 발견한 백금을 보고 깜짝 놀랐어요. 어떻게 해도 녹일 수가 없었기 때문이지요. 황금보다 더 희귀하고 가치 있는 백금은 투자 목적이나 장신구 재료로 사용해요. 오염을 줄이는 촉매 변환 장치로 지구를 지키고 인공치관(크라운)과 심박조율기로 우리 몸을 보호하기도 한답니다.

종류: 원소광물, 금속원소
화학식: Pt
산출 환경: 화성암, 퇴적암
산지: 남아프리카공화국(세계 백금 생산량의 4분의 3), 러시아, 짐바브웨, 캐나다, 미국, 콜롬비아
색: 파란색 계열의 흰색, 은회색, 청회색, 암회색
결정 형태: 덩이, 조각, 알갱이, 드물게 입방정계 결정
굳기: 4~4.5
쪼개짐: 없음
깨짐: 침상, 연성
광택: 금속광택
조흔색: 은회색, 은색
비중: 철이나 구리가 섞였을 때 14~19, 순수한 형태는 21.5
투명도: 불투명
결정계: 입방정계
쓰임새: 장신구, 시계, 화폐로 사용하는 동전이나 백금괴, 주괴, 산소 감지기, 점화 플러그, 차량의 촉매 변환 장치, 미사일의 노즈콘, 저자극성을 활용한 치과 장비와 인공치관, 강력한 자석

백금 표본

백금 알갱이

천연 백금덩이

백금 원석

귀하지 않은 달
과학자들은 달이 지구에서 떨어져 나간 이후 운석이 지구에 충돌하면서 백금과 금을 포함한 값진 금속이 생겨났다고 생각해요. 달에는 지구와 같은 양의 백금과 금이 존재하지 않지요.

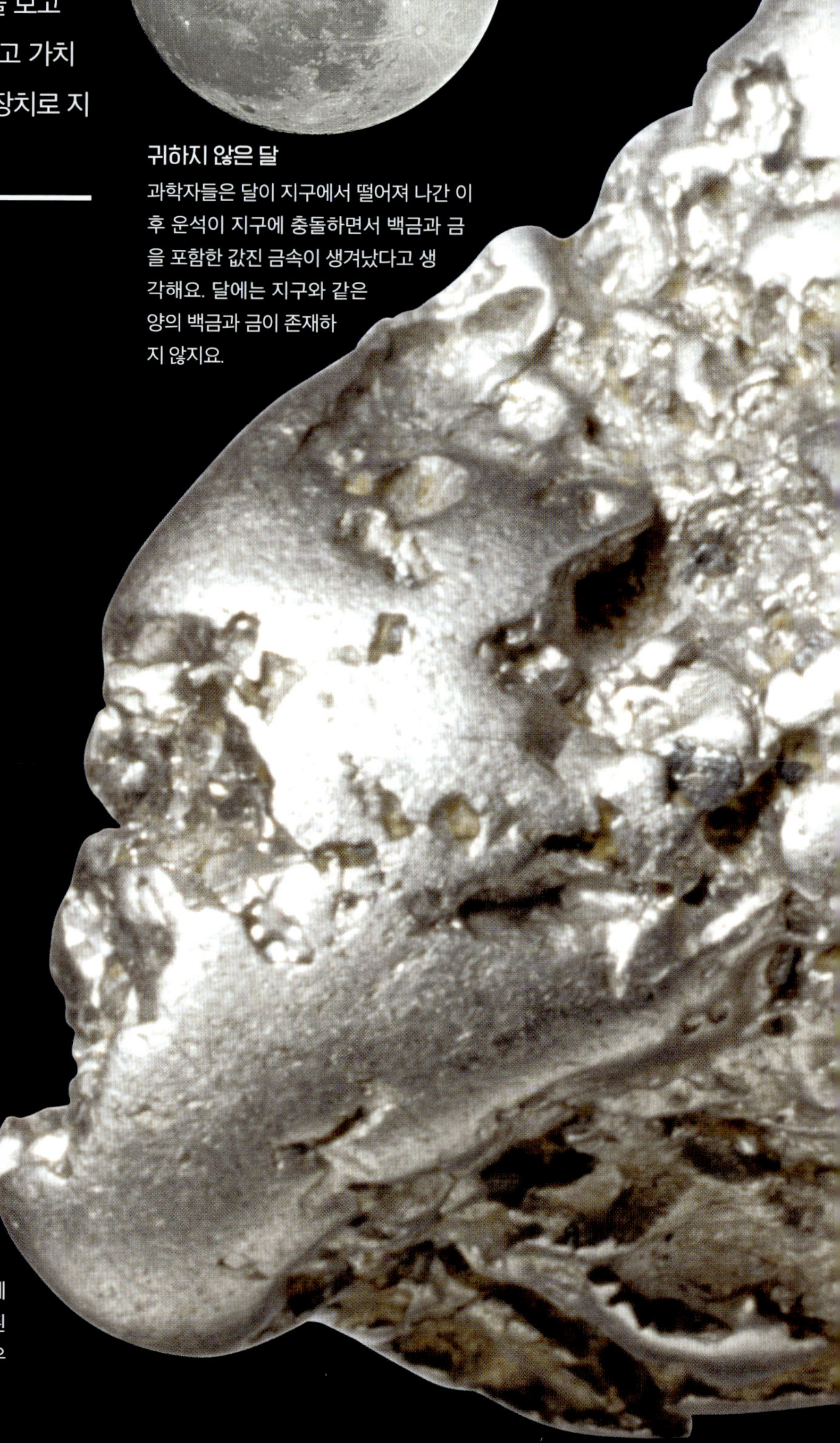

귀금속
백금은 보통 조각이나 알갱이 형태로 발견되고 사진처럼 덩이 형태인 경우는 아주 드물어요. '귀금속'으로 알려진 백금은 값진 금속 중에서도 가장 희귀하고 무거워요. 1년에 겨우 135톤가량 채굴되지요. 지금까지 채굴된 모든 백금을 모아도 보통 크기의 거실을 겨우 채울 정도로 양이 적답니다.

백금 장신구
백금은 단단하고 색이 변하지 않기 때문에 보석 상인들이 사랑하는 금속이에요. 오른쪽 사진처럼 사파이어나 다이아몬드를 비롯한 다른 보석과 함께 반지로 만들곤 하지요.

고양이 가면
백금 눈을 붙인 아주 귀한 황금 가면이에요. 커다란 송곳니와 수염이 달린 재규어나 표범의 얼굴을 표현했지요. 에콰도르에서 발견한 이 가면은 기원전 600년~서기 200년 사이에 만들어졌어요.

백금 화폐
백금은 위 사진의 백금괴나 동전처럼 화폐의 대용물로도 가치가 있어요. 28그램짜리 금괴를 만들기 위해서는 5개월간 10톤의 백금을 캐내야 한답니다.

불꽃이 번쩍!
차 엔진은 점화 플러그에서 발생한 불꽃이 공기와 연료 혼합물에 불을 붙이면서 시동이 걸려요. 백금은 점화가 일어나는 끝부분을 감싸고 있지요. 백금은 상당히 단단하고 녹는점도 아주 높아서 수명이 길어요. 차가 최대 16만 킬로미터를 달릴 때까지 점화 플러그를 교체할 필요가 없답니다.

철

금속

철은 지구의 핵부터 우리의 몸속까지 세상의 많은 부분을 이루고 있어요. 철의 이름을 딴 철기 시대가 있을 정도지요. 철기 시대는 인류가 농사와 전쟁에 이상적인 거칠고 단단한 금속을 탄생시키기 위해 최초로 철광석을 가열하고 녹이고 부어 낸 다음 식히기 시작한 시기예요. 지금은 건물과 장난감뿐만 아니라 자성이 있는 특징을 이용해 여러 전자 기기의 부품에도 철을 이용해요.

철 표본

갈철석

황철석

자철석(산화철, 60~61쪽을 보세요)

적철석(산화철, 58~59쪽을 보세요)

종류: 원소광물, 금속원소

화학식: Fe

산출 환경: 화성암, 운석

산지: 중국, 오스트레일리아, 브라질, 인도, 러시아, 우크라이나, 남아프리카공화국, 미국, 이란, 캐나다, 베네수엘라, 스웨덴

색: 청회색부터 검은색

결정 형태: 덩어리, 포도상, 덩이

굳기: 4

쪼개짐: 저면

깨짐: 침상

광택: 금속광택

조흔색: 청회색

비중: 7.3~7.9

투명도: 불투명

결정계: 입방정계

쓰임새: 창틀용 강철, 식기, 가구, 요리용 팬, 우리 몸속에서 산소를 이동시키는 철분, 컴퓨터에 사용할 수 있는 강력한 자석, 휴대전화, 의료 장비, 장난감, 자동차, 풍력발전용 터빈

지구에는 **화성**과 질량이 같은 **행성 3개**를 만들 수 있을 만큼 많은 **철**이 있어요.

철광석
철은 적철석이나 갈철석과 같은 광석에 있어요. 철은 지각의 5퍼센트와 지구 핵의 대부분을 차지하고 있는 금속이에요. 늘려도 부러지지 않고 쉽게 자력을 띠지만 금세 녹이 생기곤 해요. 탄소와 결합하면 강철이 되지요.

철로 만든 세상
철은 핵심 금속이에요. 인간은 약 5,000년 전에 처음으로 철광석을 가열해 녹인 철로 단단하고 거친 금속을 만들었지요. 현재 가장 널리 사용하는 금속이랍니다.

주철
주철은 녹인 다음 틀에 부어 식힌 철이에요. 값이 저렴하고 사용하기 쉽다는 장점이 있어요. 하지만 당기거나 굽히는 힘에 약해 구조가 망가질 수도 있지요.

연철
가열한 뒤 도구로 단련한 철이에요. 주로 소량의 산화물을 함유한 철로 이루어져 있어요. 매우 잘 늘어나고 단련할수록 더 단단해진답니다. 주철보다 훨씬 강하고 모양을 잡기 쉬워서 장식용으로 사용하곤 해요. 하지만 주철보다 생산 비용이 많이 들어요.

강철
강철은 주로 탄소와 같은 다른 원소와 철을 결합한 합금 물질이에요. 1856년 헨리 베서머가 철을 강철로 바꾸는 방법에 대해 특허를 따냈어요. 1870년부터는 다들 저렴한 강철을 사용할 수 있었지요. 아주 강하고 튼튼한 강철은 건축을 비롯한 산업계에서 가장 흔하게 사용하는 금속이에요. 주철과 연철은 쉽게 부식(녹슬고 망가지는 것)되기 때문에 겉에 강철을 입히곤 하지요.

바보의 금

눈부신 금속광택을 띤 황철석 결정은 주변의 암석에서 눈에 띄는 황금색으로 광석 사냥꾼들의 마음을 사로잡았어요. 황금과 혼동되는 경우가 많아서 '바보의 금'이라고도 부른답니다. 사실 황철석 결정은 금과는 달리 납작한 경우가 많아요. 황금보다 훨씬 단단하고요. 황철석은 철이 풍부해서 금속이나 단단한 표면에 긁으면 불꽃을 일으켜요.

금

전이원소

파라오의 무덤과 우주비행사의 헬멧에서 황금이 반짝거려요. 황금은 결혼반지부터 올림픽 메달까지 아주 특별한 물건에 쓰이곤 하지요. 색이 쉽게 변하지 않고 전기가 잘 통하기 때문에 과학 장비의 재료로도 쓰인답니다. 금은 세계 공급량의 4분의 1이 은행의 금고에 숨겨져 있을 정도로 값진 금속이에요.

종류: 원소광물

화학식: Au

산출 환경: 화성암, 퇴적암, 변성암

산지: 중국, 오스트레일리아, 러시아, 미국, 캐나다, 페루, 남아프리카공화국, 우즈베키스탄, 멕시코, 가나, 브라질

색: 황금색부터 황동색

결정 형태: 팔면체, 12면체와 입방정계 결정, 수지상 결정, 덩이, 금사, 조각

굳기: 2.5~3

쪼개짐: 없음

깨짐: 침상

광택: 금속광택

조흔색: 황금색

비중: 15.5~19.3

투명도: 불투명

결정계: 입방정계

쓰임새: 전기 전도체를 위한 금사, 휴대전화, 컴퓨터 메모리 칩, 장식용 금박, 금괴, 치과 장비, 한약, 양약, 적외선을 반사하기 위한 우주선 창문, 장신구

금 표본

석영 속 얇은 금 판

고운 금 알갱이 (순도 999.9)

결정화 금

사금 채취

다코타 남부의 블랙힐스에서 금 시굴자가 사금을 채취하고 있어요. 1874년에 시작된 골드러시에 참가한 광부들은 사금 형태의 황금을 찾았지요. 사금은 암석을 비롯한 퇴적물과 함께 강물에 섞인 성긴 금 조각이에요.

세계에서 가장 큰 금덩이인 '웰컴 스트레인저'는 1869년 **오스트레일리아의 빅토리아주** 서부에서 발견됐어요. 무게가 무려 **71킬로그램** 이상이었답니다.

천연 금덩이

토양이나 강바닥에서 발견되는 커다란 황금을 천연 금덩이라고 해요. 금은 수천 년 동안 부식되지 않고 반짝임을 간직하기 때문에 가치가 높아요.

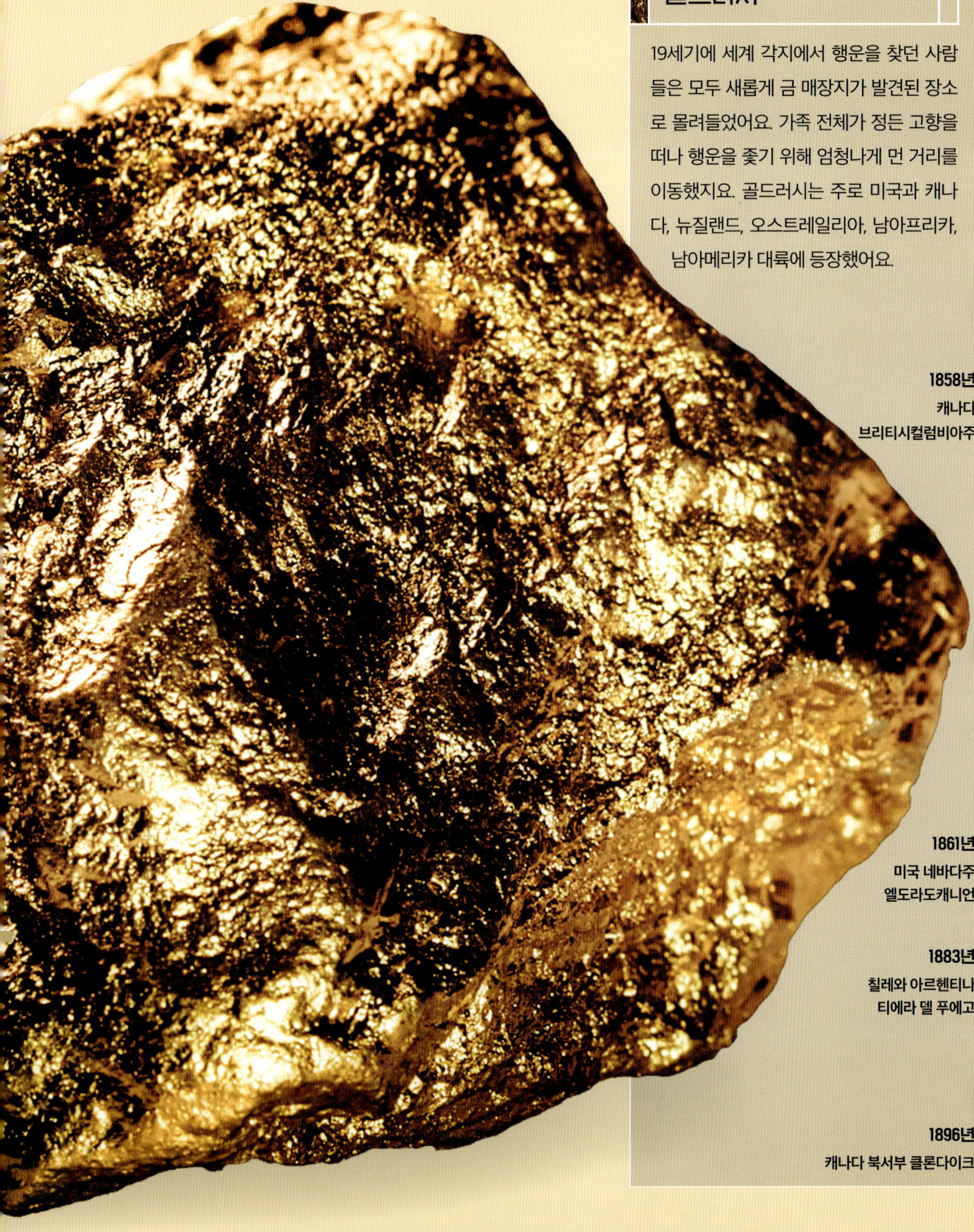

골드러시

19세기에 세계 각지에서 행운을 찾던 사람들은 모두 새롭게 금 매장지가 발견된 장소로 몰려들었어요. 가족 전체가 정든 고향을 떠나 행운을 좇기 위해 엄청나게 먼 거리를 이동했지요. 골드러시는 주로 미국과 캐나다, 뉴질랜드, 오스트레일리아, 남아프리카, 남아메리카 대륙에 등장했어요.

1800년
미국 노스캐롤라이나주

1828년
미국 조지아주

1848년
미국 캘리포니아주 서터 1849년에 8만 명, 1853년에는 25만 명이 찾아왔지요.

1858년
캐나다 브리티시컬럼비아주

1851년
오스트레일리아 빅토리아주 밸러랫과 벤디고 시에서 황금 광맥이 발견됐어요. 골드러시는 1860년대 초반까지 지속됐어요.

1861년
뉴질랜드 센트럴 오타고

1861년
미국 네바다주 엘도라도캐니언

1883년
칠레와 아르헨티나 티에라 델 푸에고

1886년
남아프리카공화국 트란스발주 두 시굴자가 비트바테르스란트 지역에서 황금을 발견하며 골드러시가 시작됐어요.

1896년
캐나다 북서부 클론다이크

금

은

전이원소

빛을 반사하면서 열과 전기가 잘 통하는 금속을 고른다면 은이 일등일 거예요. 그래서 은은 동전과 장신구뿐만 아니라 거울이나 전자 기기, 산업에서도 사용되지요. 그런데 어째서 금보다 가치가 떨어질까요? 매장량이 많아서 값이 저렴하고 공기 중에서 색이 쉽게 변하기 때문이에요.

은 표본

늘어난 은사

자연은

모암에 자란 자연은

농홍은석 결정

종류: 원소광물

화학식: Ag

산출 환경: 화성암, 변성암, 주석이나 납, 구리, 금과 같은 광석과 함께 발견

산지: 멕시코, 중국, 페루, 오스트레일리아, 러시아, 볼리비아, 칠레, 폴란드, 미국, 아르헨티나, 캐나다, 카자흐스탄

색: 은백색

결정 형태: 입방정계, 팔면체, 12면체, 은사, 덩어리, 알갱이, 비늘 모양

굳기: 2.5~3

쪼개짐: 없음

깨짐: 침상

광택: 금속광택

조흔색: 은백색, 은색

비중: 9.6~12.0

투명도: 불투명

결정계: 입방정계

쓰임새: 자동차 후방 창문의 서리 제거 장치, 동전, 사진, 장신구, 전지, 치과용 충전제, 전자 장치, 박테리아를 막기 위해 쓰는 은 섬유, 원자로를 비롯한 여러 산업용 제어봉, 납땜 은, 화학제품의 촉매

고대의 교역

1200년대 중반에 세워진 몽골 제국은 200년간 번성했어요. 몽골은 직접 주조한 화폐를 사용해 거래를 했지요. 위 사진처럼 납작한 금속 조각에 특별한 동전 도장을 찍어 어마어마한 양의 구리와 은 동전을 주조했답니다.

은 광산

은 광산은 기원전 3000년의 아나톨리아(현대의 터키)로 거슬러 올라가요. 당시 사람들은 장신구를 만들거나 물건을 물물교환하기 위해 은을 사용했어요. 지금은 노천광이나 대심도 광산(오른쪽 사진)에서 은을 채굴하고 있지요. 사진 속 광부들은 아이다호주의 한 광산에서 발파공(폭약을 채운 구멍)을 뚫고 있어요.

자연은

대부분의 은은 농홍은석이나 방연석(54~55쪽을 보세요)과 같은 은광석에서 추출하지만 자연은(왼쪽 사진)도 상당히 많이 채굴된답니다.

화폐의 가치

희귀성 덕분에 은은 수천 년 동안 화폐로서 가치를 지닐 수 있었어요. 현재도 많은 투자자가 재산을 모으거나 지키기 위해 은괴를 산답니다.

회로판

은은 금보다 뛰어난 전기 전도체기 때문에 회로판과 같은 전자 장치에 자주 사용해요. 은으로 만든 막 방식 스위치를 텔레비전과 휴대전화, 컴퓨터 자판, 전자레인지의 버튼으로 쓰지요.

은식기

수 세기 동안 은세공인들은 부를 상징하는 훌륭한 물건들을 많이 만들어 왔어요. 종종 유행에 따른 변화를 반영하기 위해 은을 녹여서 다시 모양을 만들기도 했지요. 17세기 말 프랑스의 왕 루이 14세는 나라의 재정을 보충하기 위해 은을 조폐국에 기부하라는 칙령을 내렸어요.

은으로 찍은 사진

프랑스의 발명가 루이 자크 망데 다게르는 1839년에 은판으로 사진을 찍는 기술을 발명해 세계에 소개했어요. 브롬화은과 요오드화은이 빛에 반응해 검은색으로 변하는 성질을 이용했지요.

점토 광물

층상규산염 광물

고대 문명 사람들은 점토로 만든 집에 살면서 점토 컵에 물을 마시고 점토 냄비로 요리했어요. 지금까지도 건물을 짓거나 거름을 줄 때, 심지어 종이를 반짝이게 할 때 점토를 사용하는 '점토 시대'가 이어지고 있지요. 점토의 작은 알갱이는 물을 흡수하기 때문에 쉽게 모양을 잡을 수 있고 마르면 돌처럼 단단해져요. 아주 유용한 능력이랍니다!

점토 표본

할로이사이트

세피올라이트

종류: 규산염

산출 환경: 해변가나 얕은 물가, 깊은 물속에서 사암이나 석회암과 함께 발견

산지: 세계 전역

색: 검은색, 회색, 흰색, 황백색, 갈색, 노란색, 붉은색, 분홍색, 짙은 파란색, 짙은 녹색

결정 형태: 판상 구형 군체, 대부분 열이나 압력으로 형태를 변형할 수 있고 드물게 눈에 띄는 결정 형태를 이룸

굳기: 1~2.5

쪼개짐: 완전

깨짐: 불평탄, 파편

광택: 지방광택부터 토상광택, 이따금 진주광택

조흔색: 흰색, 담녹색부터 회색

비중: 2~3

투명도: 반투명부터 불투명

결정계: 단사결정, 삼사결정

쓰임새: 벽돌, 타일, 도기나 자기, 사기 제품, 배수와 하수를 위한 관, 건축, 종이, 플라스틱이나 고무 산업, 충전제, 의약품, 절연을 위한 점토 블록에 경량골재, 살충제, 백토

고령석

나크라이트

질석

도자기와 점토

인간은 2만 년이 넘는 시간 동안 점토를 써 왔어요. 점토는 잔과 그릇, 멋진 조각품을 만들기에 아주 유용한 물질이거든요. 고운 도자기와 자기를 만든 세계 제일의 도예 장인들은 중국인들이었어요.

아도비 벽돌집
미국 뉴멕시코주의 타오스 푸에블로는 13세기 말 푸에블로 선주민이 세운 마을이에요. 선주민들은 모래와 미사, 점토를 짚과 섞어 여러 층의 집을 만들었어요.

마야의 도기
기원전 250년경 중앙아메리카의 마야인들은 일상용 도기를 특별한 모양으로 만들기 시작했어요. 사진처럼 무언가를 쪼아 먹는 새를 포함해 복잡한 인간 형태나 동물을 만들었지요.

당나라의 도기 말
당나라(서기 618~907년) 시대의 우아한 말 모양 도기예요. '당나라의 세 가지 색'을 뜻하는 '당삼채'라는 유약을 사용했어요.

녹니석
녹색이 어룽대는 광석으로 클리노클로어나 향석이라고 불러요. 산맥이 생기는 동안 변성암 속에서 높은 온도와 압력으로 인해 만들어지지만, 퇴적암과 화성암에서도 볼 수 있어요.

자기
고령토를 비롯한 특정 점토를 1,200도에서 1,400도의 아주 높은 온도에서 가열하면 도자기를 만들 수 있어요. 도자기는 2,000년 전에 중국에서 만든 제품이 아직도 그 색과 반투명함을 유지하고 있을 정도로 아주 견고해요.

델프트 블루
1602년에 상인들은 파란색 중국산 자기를 네덜란드에 들여왔어요. 그때까지 네덜란드의 도기 타일은 다양한 색으로 채색됐지요. 1640년부터 도시 델프트에서는 흰색에 파란색이 들어간 타일을 생산해 세계적으로 인기를 얻었답니다.

테라코타 접시
점토를 불에 구우면 테라코타로 변해요. 테라코타는 이탈리아어로 '구운 흙'이라는 뜻이지요. 일상에서 사용하는 물건에 쓰였을 뿐만 아니라 여러 시대의 예술가들이 틀에 찍거나 장식으로 활용하기도 했어요. 사진은 1930년대에 아르데코풍으로 색을 칠하고 유약을 바른 테라코타 접시예요.

점토 광물

점토 전사들

1974년에 중국 시안 근처에서 우물을 파던 농부가 실물 크기의 테라코타 병사들이 있는 구덩이를 발견했어요. 이어서 발견된 구덩이에는 수천 명의 병사와 함께 말이 끄는 전차와 무기까지 있었지요. 이들을 아울러 '병마용'이라고 부른답니다. 병마용은 사람들의 끝없는 감탄을 자아내고 있어요. 사진의 독특한 병사들은 중국 최초의 황제 진시황의 무덤을 지키기 위해 만들어졌어요. 진시황은 2,200여 년 전에 중국에서 전쟁 중인 여러 국가를 하나의 나라로 통일하고 만리장성을 건설했답니다.

감람석

마그네슘과 철을 함유한 규산염 광물

감람석은 차갑게 식은 마그마에서 만들어진 광물이에요. 감람석은 열에 견디는 능력이 강해서 용광로에 녹인 쇳물이 흐르는 관을 만들거나 사우나에 증기를 뿜을 때 사용해요. 페리도트라는 아주 희귀한 보석으로 존재하기도 하지요. 2011년, 별이 탄생할 때 기체 구름 속을 떠다니던 아주 작은 감람석 결정이 발견됐고 그 후 화성에서도 감람석이 발견됐답니다.

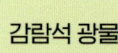

감람석 웅덩이

하와이에서는 감람석 보석인 페리도트를 불과 화산의 신 '펠레'의 저주라고 표현해요. 사진의 천연 화산 웅덩이에는 햇빛이 비치면 녹색으로 빛나는 감람석이 줄지어 있어요.

감람석 표본

감람석군 몬티셀라이트

모암에 자란 감람석

감람석군 고토감람석

녹회색 감람석

종류: 네소규산염
화학식: $(Mg,Fe)_2SiO_4$
산출 환경: 화성암, 변성암, 운석
산지: 노르웨이, 일본, 스페인, 중국, 브라질, 오스트레일리아, 하와이
색: 황록색, 연녹색, 짙은 녹색, 황갈색, 갈색
결정 형태: 둥근 알갱이 형태, 덩어리
굳기: 6.5~7
쪼개짐: 거의 없음
깨짐: 패각상
광택: 유리광택
조흔색: 흰색
비중: 3.2~4.3
투명도: 투명부터 반투명
결정계: 사방정계
쓰임새: 장신구(페리도트), 벽돌, 사우나 가열용 돌, 내화성 모래, 쇠에서 불순물을 제거하기 위해 용광로에 추가, 마그네슘 광석, 녹인 금속을 위한 주형(감람석 모래)

감람석 광물

감람석군은 지구 상부 맨틀의 주성분이에요. 화성암층에서 발견되기도 하지요. 감람석은 보통 황록색을 띠어요. 이 색에서 '감람나뭇잎 색'이라는 뜻의 이름이 유래했답니다. 작고 미세한 알갱이는 세계 전역에서 발견할 수 있지만 큰 결정은 드물어요.

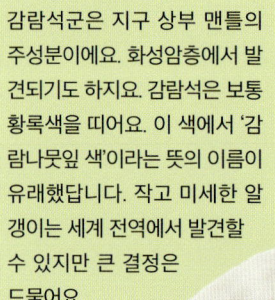

세공 보석
보석으로 쓸 수 있을 만큼 품질이 좋은 감람석은 페리도트라고 불러요. 반짝이는 페리도트는 인공조명 아래에서도 자신만의 색으로 반짝이기 때문에 '밤의 에메랄드'라는 별명을 얻었답니다.

이집트의 보석
하토르로 추정되는 여신이 그려진 이집트의 제18왕조 시대 부적이에요. 생명의 상징인 앙크를 들고 있는 여신 부적은 페리도트로 만들어졌지요.

자바르가드섬
고대 이집트인들은 최초로 감람석을 발견한 이 섬을 토파지오스라고 불렀어요. 그래서 당시 사람들은 페리도트를 황옥(토파즈)으로 착각하곤 했지요. 감람석은 밤에 발견하기 더 쉬웠기 때문에 밤에만 캐냈다고 해요.

감람석 '폭탄'
화산은 분출할 때 마그네슘과 철이 풍부한 용암을 내뿜어요. 이때 감람석이 풍부한 단괴가 함께 지표면으로 끌려오기도 한답니다.

우주의 감람석
사진 속 운석은 1969년 멕시코에 떨어진 거예요. 이와 같은 콘드라이트 운석은 석질운석의 86퍼센트를 차지하고 있어요. 콘드라이트에는 감람석과 휘석을 포함해 작은 광물 결정이 들어 있지요.

운석 전시관

운석은 지구의 존재가 아니에요. 한때 초속 약 40킬로미터로 태양계를 질주하던 천체의 일부였답니다. 운석은 대부분 지구에 도달하는 순간 불타 사라지지만, 일부는 남아서 지표면으로 떨어져요. 지금까지 사막이나 남극대륙처럼 운석을 발견하기 쉬운 장소에서 3만 8,000여 개가 발견됐지요.

오스트랄라시아 텍타이트

니켈-철질운석

화성에서 온 운석

석질운석(콘드라이트)

철질운석 조각

석질운석 단면

철질운석

디아블로 협곡의 철질운석

시호테알린산맥의 운석 조각

장석

알루미늄규산염 광물

장석은 우리의 일상을 지키는 이름 없는 영웅이에요. 유리, 도기 제품, 절연 자재, 주방 타일을 비롯한 여러 물건의 재료거든요. 어떤 장석은 마법처럼 빛나는 특성으로 수천 년 동안 사람들의 상상력을 불러일으키기도 했어요. 장석을 구성하는 광물은 주로 사장석과 알칼리장석 두 형태랍니다.

종류: 망상규산염

알칼리장석: 정장석($KAlSi_3O_8$), 파리장석($KAlSi_3O_8$), 미사장석($KAlSi_3O_8$), 아노소클레이스(($NA,K)AlSi_3O_8$), 조장석($NaAlSi_3O_8$)

사장석: 조장석($NaAlSi_3O_8$), 회조장석(($Na,Ca)Al_{1-2}Si_{3-2}O_8$), 중성장석(($Na,Ca)Al_{1-2}Si_{3-2}O_8$), 조회장석(($Na,Ca)Al_{1-2}Si_{3-2}O_8$), 아회장석(($Ca,Na)Al_{1-2}Si_{3-2}O_8$), 회장석($CaAl_2Si_2O_8$)

바륨 장석: 셀시안($BaAl_2Si_2O_8$), 하이알로페인(($K,Ba)Al(Si,Al)_3O_8$)

산출 환경: 화성암, 퇴적암, 변성암

굳기: 6

쪼개짐: 알칼리장석은 완전, 사장석은 양호

깨짐: 불평탄, 또는 패각상, 취성

광택: 토상광택부터 유리광택

조흔색: 흰색

비중: 2.55~2.76

투명도: 반투명 또는 불투명

결정계: 알칼리장석은 단사정계, 삼사정계, 사장석은 삼사정계

쓰임새: 자기와 도자기 제품, 도자기 유약과 법랑질 도료, 유리 제조, 점토, 고무, 그림의 충전제와 희석제, 알루미나와 알칼리 재료를 사용하는 산업, 고고학의 연대 결정, 세라믹 타일, 접착 연마제의 접착제

월장석
정장석이나 조장석과 같은 결이 아주 고운 알칼리장석을 세공하면 월장석이라는 준보석을 만들 수 있어요. 인도에서는 보름달이 뜰 때 입에 월장석을 넣고 있으면 미래를 알 수 있다고 해요. 월장석은 내부 구조가 빛을 반사하면서 달처럼 반짝이는데 이 현상을 '아듈라레센스'라고 하지요.

일장석
회조장석에서 나온 장석 보석은 일장석으로 알려져 있어요. 1900년대 초반에 티파니 보석상은 미국에서 일장석 광산을 개발하면서 일장석을 '플러시 다이아몬드'라고 선전했지요. 일장석은 장석 안에 있는 단단한 구리 내포물이 반사한 빛 덕분에 특유의 색을 띠어요.

사장석과 알칼리장석은 지각의 60퍼센트 이상을 차지하고 있어요.

라브라도라이트
이누이트족 사람들은 얼어붙은 북극광의 불이 떨어져 라브라도라이트로 변했다고 믿었어요. 파란색과 황금색이 섞여 일렁이는 무지갯빛이 정말 마법처럼 느껴지지요.

화성의 운석
위의 편광 현미경 사진은 광물이 풍부한 화성의 운석 DAG 486을 0.03밀리미터 두께로 얇게 자른 단면이에요. 베이지색으로 보이는 부분은 감람석 결정이고 갈색은 휘석 결정, 흰색은 장석 결정이에요.

사장석 표본

회조장석 덩어리

유리질 아회장석 결정

모암에서 자란 회장석 결정

알칼리장석 표본

정장석계 빙장석 결정

미사장석

조면암에 자란 파리장석

지르콘

규산지르코늄 광물

지르콘은 알쏭달쏭한 광물이에요. 결정 자체는 다이아몬드처럼 투명하거나 연갈색을 띠지만, 열을 가하면 아주 다양한 색으로 변하거든요. 종류가 다양해서 왕관 위에서 반짝이는 보석부터 금속 지르코늄까지 다양하게 활용할 수 있어요. 게다가 거의 부식되지 않기 때문에 발전소에서 핵 방사능으로부터 우리를 지켜주는 보호막으로도 사용하지요.

종류: 네소규산염

화학식: $ZrSiO_4$

산출 환경: 화성암, 퇴적암, 변성암

산지: 오스트레일리아, 남아프리카공화국, 중국, 인도네시아, 우크라이나, 인도, 브라질, 캐나다, 노르웨이, 미국

색: 무색, 파란색, 붉은색, 녹색, 노란색, 주황색, 갈색, 분홍색, 보라색, 회색

결정 형태: 각기둥부터 양추형, 주로 쌍결정형

굳기: 7.5

쪼개짐: 각기둥형, 불명료

깨짐: 패각상, 강한 취성

광택: 금강광택, 유리광택, 지방광택

조흔색: 흰색

비중: 4.6~4.8

투명도: 투명, 반투명, 이따금 불투명

결정계: 정방정계

쓰임새: 유약, 자기질 타일의 백색 도료, 강철 용광로 내벽용 벽돌, 주조공장, 수술 기기, 장신구, 지르코늄의 주요 광석

형광 지르콘

지르콘에 자외선을 비추면 겨자색부터 주황색까지 형광이 나요. 형광은 광석 수집가들이 광석을 분류할 때 큰 도움이 되지요.

지르콘 표본

세공한 붉은색 타원형 지르콘

세공한 노란색 둥근 지르콘

세공한 녹색 타원형 지르콘

갈색 지르콘을 열처리해 세공한 파란색 지르콘

절대 변하지 않아

지르콘 결정은 다양한 색으로 존재하고 커다란 크기로 자랄 수 있어요. 아주 단단해서 수십억 년이 넘는 시간이 흘러도 변하지 않아요. 덕분에 지질학자들이 지구에서 아주 오래된 암석의 연대를 추정할 때 도움을 받곤 해요.

지구만큼 오래된
지구에서 가장 오래된 지르콘은 우주에서 날아와 오스트레일리아 서부 잭 힐스에서 발견된 광석이에요. 변형된 사암 응괴(암석 덩어리) 속에서 발견됐지요. 과학자들은 이 지르콘의 연대를 43.74억 년 전으로 추정하고 있어요.

지르코늄
지르콘은 회백색의 부드러운 금속 지르코늄을 얻을 수 있는 중요한 광석이에요. 지르코늄은 합금강의 경화제나 초전도자석, 핵 연료봉을 감싸는 용도로 사용되지요.

지르콘 장신구
황옥과 지르콘, 자수정을 끼워 만든 18세기의 아름다운 은목걸이예요. 지르콘은 다른 어떤 천연 보석보다도 다이아몬드를 닮았어요. 무색과 파란색 지르콘은 거의 대부분 열처리를 통해 만들고 있어요.

다이아몬드를 닮은 돌
천연 광물이 아니라 사람이 만들어낸 합성 다이아몬드는 1950년대 초반부터 산업에 쓰였어요. 지금은 합성 다이아몬드의 품질이 원석에 가까울 정도예요. 산화지르코늄의 형태인 '큐빅 지르코니아'는 가장 대중적인 다이아몬드 대체품이지요. 줄여서 '큐빅'이라고도 불러요.

날카로운 세라믹
부엌용 칼은 산화지르코늄 또는 지르코니아라고 하는 첨단 세라믹으로 만들곤 해요. 세라믹은 굉장히 단단하고 마모되지 않는 특성이 있지요.

회중석

텅스텐산칼슘 광물

회중석은 석영과 비슷하게 생겼어요. 하지만 어두운 곳에서 자외선을 비출 때 파란색으로 반짝이는 특성으로 회중석을 구별할 수 있지요. 회중석은 캐낼 가치가 충분해요. 커다란 회중석 결정은 장식이나 수집용 원석으로 인기가 많거든요. 게다가 단단하고 내열성 높은 금속인 텅스텐을 얻을 수 있는 주요 광석이에요.

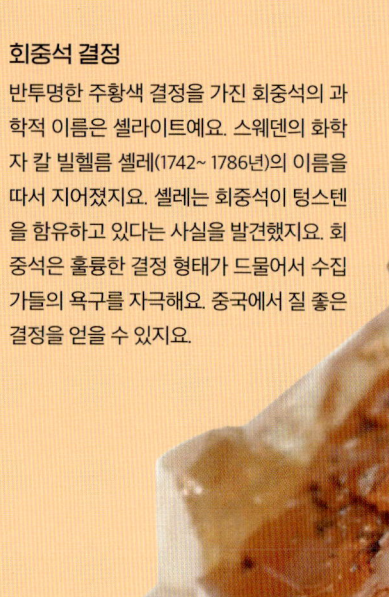

철망간중석
회중석과 함께 텅스텐을 얻을 수 있는 주요 암석이에요. 길고 평평한 결정이 눈에 띄어요.

종류: 텅스텐염
화학식: $CaWO_4$
산출 환경: 화성암, 변성암
산지: 중국, 러시아, 캐나다, 오스트리아, 볼리비아, 미국, 오스트레일리아, 스코틀랜드, 영국
색: 밝은 주황색, 노란색, 갈색, 황갈색, 가끔 흰색이나 보라색, 분홍색
결정 형태: 입상, 원기둥형, 괴상 집합체, 작은 각뿔형 결정
굳기: 4.5~5
쪼개짐: 양호, 평행부터 각뿔형
깨짐: 패각상부터 불평탄, 취성
광택: 금강광택 또는 지방광택
조흔색: 흰색부터 밝은 노란색
비중: 5.9~6.1
투명도: 투명부터 반투명
결정계: 정방정계
쓰임새: 용광로와 전기로(텅스텐), 다이아몬드 모조품, 형광체, 라듐 페인트, 레이저의 매질, 전등의 필라멘트, 드릴의 날, 절단 도구

회중석 결정
반투명한 주황색 결정을 가진 회중석의 과학적 이름은 셀라이트예요. 스웨덴의 화학자 칼 빌헬름 셸레(1742~1786년)의 이름을 따서 지어졌지요. 셸레는 회중석이 텅스텐을 함유하고 있다는 사실을 발견했지요. 회중석은 훌륭한 결정 형태가 드물어서 수집가들의 욕구를 자극해요. 중국에서 질 좋은 결정을 얻을 수 있지요.

뉴질랜드의 골든포인트 광산
회중석은 단파 자외선 아래에서 밝은 하늘색의 형광을 내요. 이 형광은 자연금을 찾게 해주는 표시기도 했기 때문에 사람들은 형광을 이용해 황금 매장지를 찾아냈지요. 골든포인트 광산에서는 40년 동안 약 880톤의 회장석과 425킬로그램의 황금이 나왔답니다.

파웰라이트
파웰라이트는 회중석과 아주 비슷해요. 하지만 훨씬 희귀하고, 텅스텐 대신 몰리브덴을 포함하고 있어요. 또 노란색 형광을 내지요.

단단한 금속
텅스텐은 탄소를 제외한 모든 물질 중에서 녹는점이 가장 높아서 금속이나 나무, 플라스틱, 세라믹을 잘라 내기에 유용해요. 조각용 끌의 단단한 날을 텅스텐으로 만든답니다.

발사 준비
새턴 V 로켓은 지금까지 만들어진 미국의 발사용 로켓 중에 가장 크고 강력해요. 새턴 V는 1967년에서 1973년까지 아폴로 우주선의 발사에 사용됐지요. 강하고 내열성 좋은 텅스텐으로 분사구를 만들었고 연소실에는 탄화텅스텐을 뿌렸지요.

회중석 표본
- 백운모에서 자란 회중석 결정
- 회중석 결정
- 흰색 회중석
- 석영에서 자란 회중석 결정

다양한 광물

광물학자는 광물의 결정 구조뿐만 아니라 색이나 광택, 굳기를 연구해요. 결정 구조는 결정이 이루는 일정한 형태예요. 광택은 빛을 비추었을 때 나타나는 빛깔을 뜻해요. 다이아몬드는 굳기가 가장 단단하고 활석이 가장 물러요. 조흔색(거친 표면에 겉을 긁었을 때 나오는 색)과 쪼개짐(갈라지는 특성)과 같은 특성도 관찰하지요.

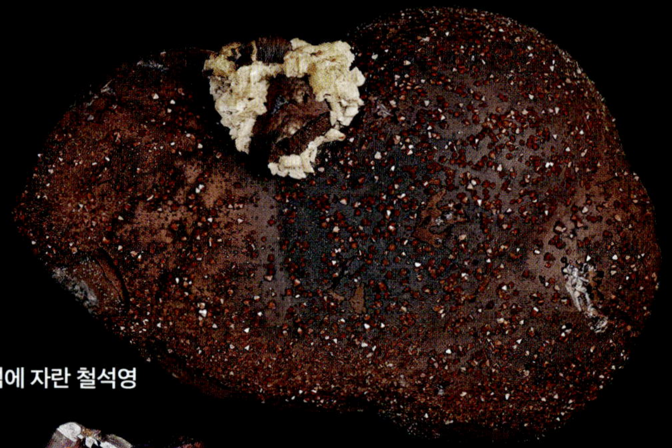

적철석에 자란 철석영

클리브란다이트(흰색)와 함께 자란 전기석

자철석

방붕석에 자란 힐가다이트(주황색)

운모

아라고나이트

적철석과 함께 자란 8면체 자철석

석영(주황색)에 자란 형석(보라색)

계관석

방해석

녹렴석

울페나이트

적철석(검은색)과 경철석, 석영

마노 정동석

황비철석

디옵테이즈

스콜레사이트

힐가다이트(주황색)와 함께 자란 방붕석(녹색)

지롤라이트

에더마이트

형석

휘안석

휘안석은 금속광택의 파란색 결정이 칼처럼 뻗은 아주 특이한 구조예요. 휘안석은 은과 비슷하게 생겼기 때문에 한때 식기로 사용됐어요. 하지만 독성이 있어서 조심하며 다루어야 해요.

백연석

아마조나이트

다양한 광물 51

크로뮴철석

철과 크로뮴 산화물

크로뮴철석은 세상을 더욱 알록달록하게 만들어요. 튼튼하게 만들기도 하지요. 크로뮴은 적은 양으로 루비의 붉은색과 에메랄드의 녹색을 내고, 아주 높은 건물에 들어가는 강철을 단단하게 만들어요. '새 둥지'라는 별명을 가진 중국의 베이징 국립 경기장은 세계에서 가장 큰 강철 구조물이에요. 무게 4만 2,000톤, 길이 26킬로미터짜리 강철을 이용해 지었지요! 24개의 본기둥은 무게가 각각 1,000톤에 달한답니다.

크로뮴 황색
빈센트 반 고흐가 1888년에 그 유명한 해바라기 그림을 그리기 시작했을 때 그의 물감판에는 크로뮴 황색이라고 하는 노란색소가 가득 담겼어요. 고흐의 동생은 노란빛이 도는 주황색 유화 물감을 파리에서 고흐가 있는 프랑스의 도시 아를에 보냈지요.

종류: 스피넬형
화학식: $FeCr_2O_4$
산출 환경: 화성암, 퇴적암, 변성암, 운석
산지: 남아프리카공화국, 카자흐스탄, 인도, 터키, 러시아, 오만, 브라질, 오스트레일리아, 핀란드, 알바니아, 파키스탄, 중국
색: 갈색 계열부터 녹색 계열의 검은색
결정 형태: 둥근 알갱이, 덩어리, 단괴, 드물게 8면체 결정
굳기: 5.5
쪼개짐: 없음
깨짐: 패각상부터 불평탄
광택: 금속광택부터 토상광택
조흔색: 암갈색
비중: 4.2~5.0
투명도: 불투명
결정계: 입방정계
쓰임새: 강철 강화용, 유리 제작, 스테인리스강의 제작, 도금, 벽돌, 항공기 산업에서 알루미늄 양극산화처리, 용광로 내벽

크로뮴철석 표본

사문암 속 크로뮴철석

크로뮴철석 결정의 압축 덩어리

밝은 갈색의 크로뮴철석 단괴

크로뮴철석을 함유한 사장석

금속광택의 암석
사진의 광물은 크로뮴과 철, 산소로 구성되어 상대적으로 단단하고 금속광택의 검은색을 띠는 산화물이에요. 여러 금속과 화학물질, 생산품에 사용하는 크로뮴을 얻을 수 있는 유일한 광물이기도 하지요.

크로뮴철석으로 지은 건물
크로뮴철석에서 얻은 크로뮴은 단단하고 부식에 강하기 때문에 강철을 만들 때 사용해요. 강철은 사진에 보이는 일본 요코하마의 고층 건물이나 현대 조각품과 같은 건축물의 기초지요.

크로뮴 오토바이
크로뮴은 부식에 강하고 청소가 쉬운 데다 반짝이기까지 해요! 많은 사람이 사진의 오토바이와 같은 크로뮴 제품을 갖고 싶어 하지요. 크로뮴 도금은 전기 분해를 이용해 오토바이의 여러 부분에 얇은 크로뮴층을 덧대어 멋진 광택을 내는 기술이에요.

크로뮴
크로뮴철석에서 추출한 크로뮴은 녹에 아주 강하고 단단한 금속이에요. 힘을 받았을 때 늘어나지 않고 깨지는 취성을 갖지요. 크로뮴은 루비와 에메랄드에 특유의 색을 더하고 중크로뮴산포타슘은 가죽의 무두질에 사용된답니다.

홍연광
홍연광은 구조에 포함된 크로뮴 덕분에 불타는 듯한 선명한 붉은색을 띠어 아주 아름다운 광물로 손꼽히지요. 1766년 러시아의 우랄산맥에서 최초로 발견된 후 오스트레일리아의 태즈메이니아섬에서 더 크고 반짝이는 결정이 발견됐어요.

방연석

황화납 광물

으깬 방연석에서 추출한 검은색 화장먹은 고대 이집트의 파라오와 상류층이 사용한 최초의 아이라이너예요. 그들은 이 먹을 마법처럼 여겼지요. 하지만 방연석의 아름다움에는 단점이 있었답니다. 방연석은 치명적인 독을 가진 납의 주요 공급원이거든요.

종류: 황화물
화학식: PbS
산출 환경: 화성암, 퇴적암, 변성암
산지: 프랑스, 루마니아, 영국, 독일, 불가리아, 멕시코, 미국
색: 납회색, 은색, 금속광택
결정 형태: 입방정계, 장방형의 8면체
굳기: 2.5
쪼개짐: 완전 입방정계, 충격을 주면 종종 작은 입방정계로 부서짐
깨짐: 아패각상
광택: 금속광택
조흔색: 납회색
비중: 7.2~7.6
투명도: 불투명
결정계: 입방정계
쓰임새: 납의 주 광석, 전지와 방연석 판, 산탄에 사용하는 납 추출, 은 추출, 도자기를 위한 녹색 유약, 엑스선 장비와 핵 원자로 주변의 방사능 차단벽, 천연 반도체

금속성 광물

방연석은 입방정계 모양이나 8면체 결정으로 쉽게 구별할 수 있어요. 방연석은 납뿐만 아니라 은이나 아연, 구리, 비소를 함유하기도 해요. 특히 함은 방연석에는 은이 굉장히 많이 들었지요. 오스트레일리아에서 생산하는 대부분의 은이 함은 방연석의 형태일 정도랍니다.

만년설의 정체는?
금성을 둘러싼 두꺼운 구름 아래에는 눈처럼 보이는 물질로 뒤덮인 높은 산이 있어요. 하지만 금성의 평균온도는 464도예요. 사실 '눈'처럼 보이는 부분은 대부분 방연석과 휘창연석(황화비스무트)으로 이루어진 무거운 금속이랍니다.

로마의 납 도관
고대 로마인들은 방연석을 녹여 납과 은을 추출했어요. 그리고 위 사진과 같이 납을 이용해 수로를 연결하고 물을 보내기 위한 관을 만들었지요. 납이 유독하다는 사실을 알지 못했거든요.

방연석 표본

기본적인 입방정계 형태

옛날 라디오
광석 라디오(위 사진)는 전파 외의 전력이 필요 없는 초창기 라디오 수신기예요. 주요 부품인 결정 감지기를 방연석으로 만들었지요.

가공하지 않은 광석

현대의 동력
동력을 제공해 엔진을 가동하는 연축전지가 없다면 차가 움직이지 않을 거예요. 방연석을 제련하면 전지의 재료인 납을 얻을 수 있어요.

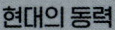

회색 방연석 입방정계

백철석 위의 방연석 구체

광부 마을
갈리나는 미국 캔자스주에 자리한 아주 오래된 광부 마을이에요. 이 지역의 선주민들은 납이 존재한다는 사실을 오래전부터 알고 있었지요. 1877년에 2명의 젊은이가 방연석의 양을 확인한 후부터 마을에서 광산업이 시작됐답니다.

의료용 방사성 물질
사진의 납 용기에는 방사성 크세논이 들어있어요. 병원에서는 크세논을 이용해 단층 촬영을 하거나 자기공명영상을 찍어요. 납은 해로운 방사능이 나오지 못하도록 막는 역할을 한답니다.

방연석 위의 앙글레사이트 결정

방연석 55

방연석과 석영

커다란 흰색 석영 결정(176~177쪽을 보세요)이 빽빽한 암회색 방연석 결정 덩어리 위에서 자라고 있어요. 방연석은 황화물이 아주 풍부한 광물로, 암석의 열수 정맥에서 석영과 함께 발견되곤 해요. 우선 뜨거운 마그마가 주변 암석 안의 물을 가열해요. 그 후 물이 암석의 물질들을 용해하고 새로운 장소로 물질들을 이동시켜요. 물의 온도와 압력, 산소 함량이 변하면 방연석과 석영, 섬아연석과 같은 열수 정맥의 새로운 광물이 만들어지지요.

적철석

산화철 광물

화성에 생명이 살고 있을까요? 글쎄요. 그렇다면 화성에 우리가 아는 광물이 있을까요? 물론이지요. 화성 표면이 붉은 이유가 바로 적철석 때문이니까요. 고대인들은 적철석의 색을 활용하기 위해 으깨서 붉은색 분필을 만들었어요. 적철석 덩어리는 정말 무거워요. 주요 성분이 철(28~29쪽을 보세요)이기 때문에 같은 부피의 물보다 5배 이상이나 무겁답니다.

종류: 산화물
화학식: Fe_2O_3
산출 환경: 화성암, 퇴적암, 변성암
산지: 미국, 브라질, 베네수엘라, 캐나다, 중국, 오스트레일리아, 인도, 러시아, 우크라이나, 남아프리카공화국, 스위스, 영국
색: 검은색, 청회색, 붉은색, 붉은 갈색
결정 형태: 얇은 판상, 판 다발, 덩어리, 포도상
굳기: 5~6
쪼개짐: 없음
깨짐: 불평탄
광택: 금속광택부터 토상광택
조흔색: 붉은색부터 붉은 갈색
비중: 4.9~5.3
투명도: 불투명
결정계: 삼방정계
쓰임새: 철광석, 카보숑(위를 둥글게 연마한 보석), 엑스선 방사선 차단벽, 석탄을 비롯한 광물질 제련, 놋쇠를 비롯한 부드러운 금속을 다듬기 위해 사용하는 혼합물의 재료

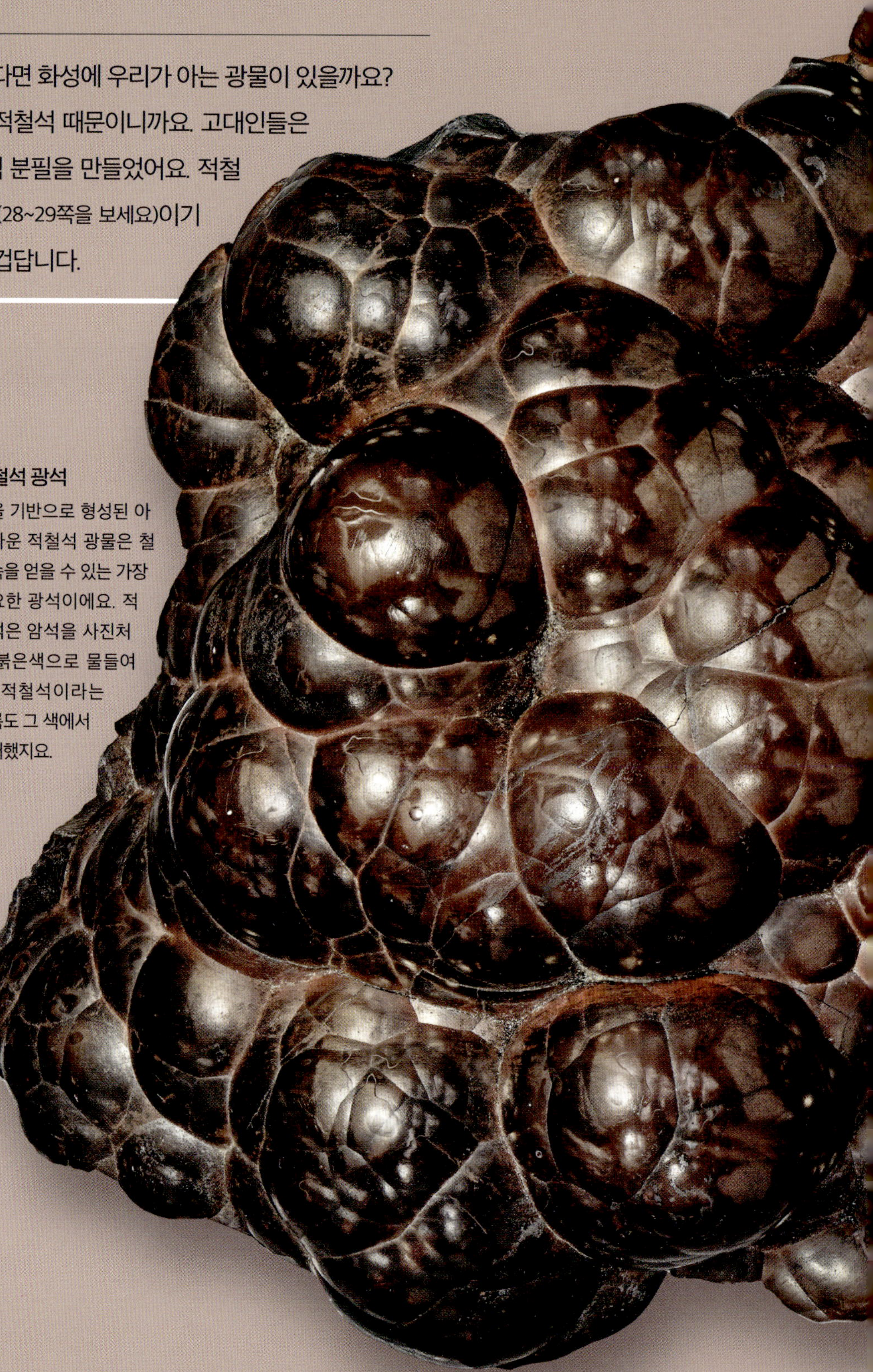

적철석 광석

철을 기반으로 형성된 아름다운 적철석 광물은 철 금속을 얻을 수 있는 가장 중요한 광석이에요. 적철석은 암석을 사진처럼 붉은색으로 물들여요. 적철석이라는 이름도 그 색에서 유래했지요.

적철석 표본

광맥의 적철석 덩어리

적철석 덩어리

적철석 위의 철석영

어란상 적철석

적철석의 정반사성 집괴암

석영과 함께 자란 검은색 적철석

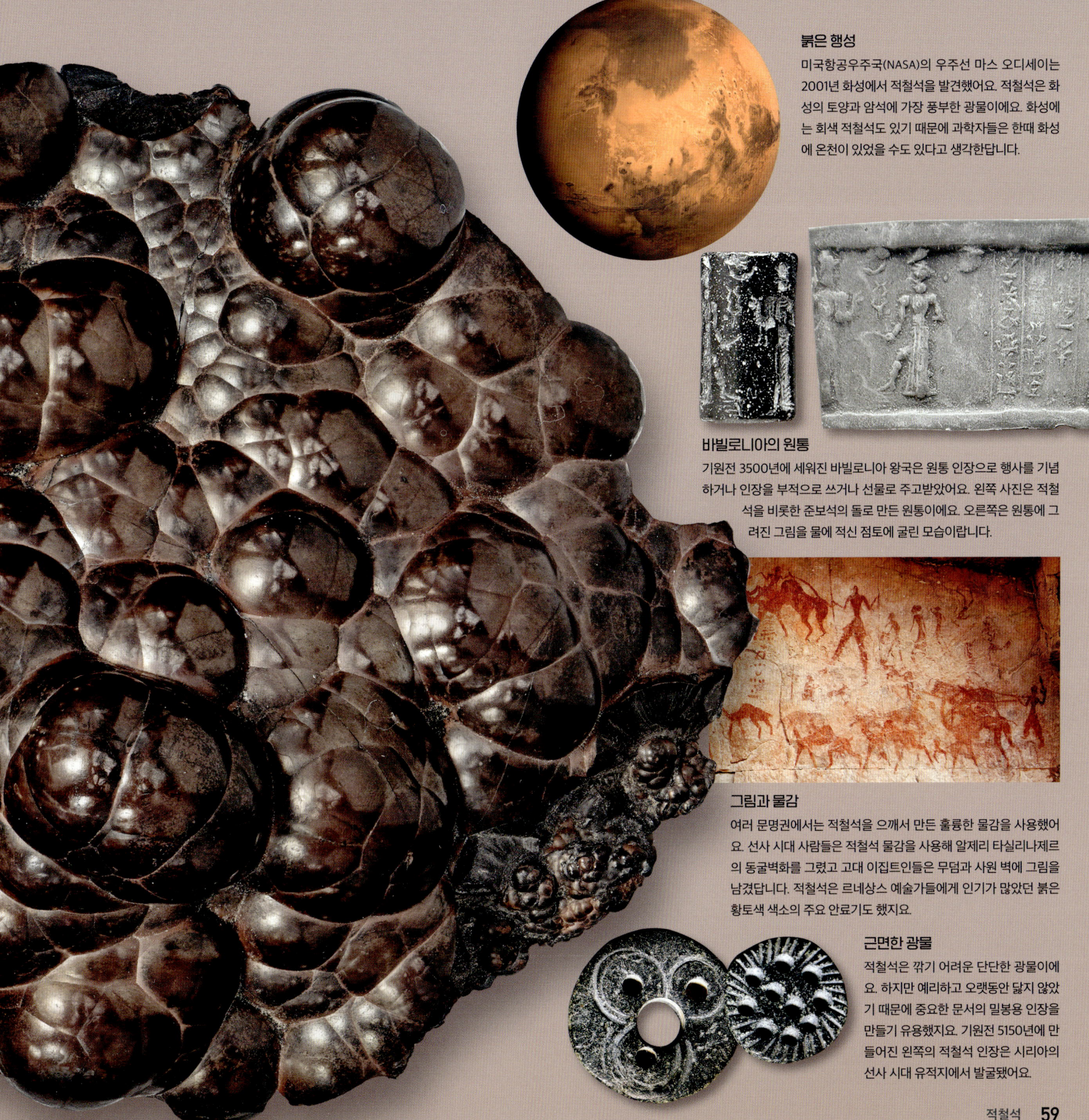

붉은 행성
미국항공우주국(NASA)의 우주선 마스 오디세이는 2001년 화성에서 적철석을 발견했어요. 적철석은 화성의 토양과 암석에 가장 풍부한 광물이에요. 화성에는 회색 적철석도 있기 때문에 과학자들은 한때 화성에 온천이 있었을 수도 있다고 생각한답니다.

바빌로니아의 원통
기원전 3500년에 세워진 바빌로니아 왕국은 원통 인장으로 행사를 기념하거나 인장을 부적으로 쓰거나 선물로 주고받았어요. 왼쪽 사진은 적철석을 비롯한 준보석의 돌로 만든 원통이에요. 오른쪽은 원통에 그려진 그림을 물에 적신 점토에 굴린 모습이랍니다.

그림과 물감
여러 문명권에서는 적철석을 으깨서 만든 훌륭한 물감을 사용했어요. 선사 시대 사람들은 적철석 물감을 사용해 알제리 타실리나제르의 동굴벽화를 그렸고 고대 이집트인들은 무덤과 사원 벽에 그림을 남겼답니다. 적철석은 르네상스 예술가들에게 인기가 많았던 붉은 황토색 색소의 주요 안료기도 했지요.

근면한 광물
적철석은 깎기 어려운 단단한 광물이에요. 하지만 예리하고 오랫동안 닳지 않았기 때문에 중요한 문서의 밀봉용 인장을 만들기 유용했지요. 기원전 5150년에 만들어진 왼쪽의 적철석 인장은 시리아의 선사 시대 유적지에서 발굴됐어요.

적철석 59

자철석

산화철 광물

자철석은 강인한 사람들과 어울리는 광물이에요. 철(28~29쪽을 보세요)을 만들거나 콘크리트를 강화하거나 방사선을 막기 위해 사용하지요. 또한 모든 광물 중에서 가장 자성이 강하답니다. 전설에 따르면 그리스 북부 지역에서 마그네스라는 이름의 양치기가 신고 있던 신발의 못이 암석에 딱 붙은 후로 자철석의 자성이 발견됐다고 해요.

자철석 표본

검은색 자철석 결정

회색 반점이 있는 자철석

적철석과 함께 자란 산화 자철석 팔면체

그 외 자성을 가진 광물 표본

황화철 광물인 자황철석

컬럼바이트(철과 망간, 니오븀의 산화물)

종류: 산화물

화학식: Fe_3O_4

산출 환경: 화성암, 변성암, 일부 퇴적암, 열수 광상

산지: 스칸디나비아반도(특히 스웨덴), 스위스, 러시아, 볼리비아, 미국, 남아프리카공화국, 이탈리아

색: 암회색부터 검은색

결정 형태: 8면체(드물게 12면체), 결정형, 껍질 형태, 수지상 결정

굳기: 5.5~6.5

쪼개짐: 없음

깨짐: 아패각상부터 불평탄

광택: 금속광택부터 토상광택

조흔색: 검은색

비중: 4.9~5.2

투명도: 불투명

결정계: 입방정계

쓰임새: 철광석, 강철 산업, 연마제, 광물 수집용, 비료의 미량 영양소, 전자 사진용 토너, 그림에 사용하는 색소, 콘크리트용 골재

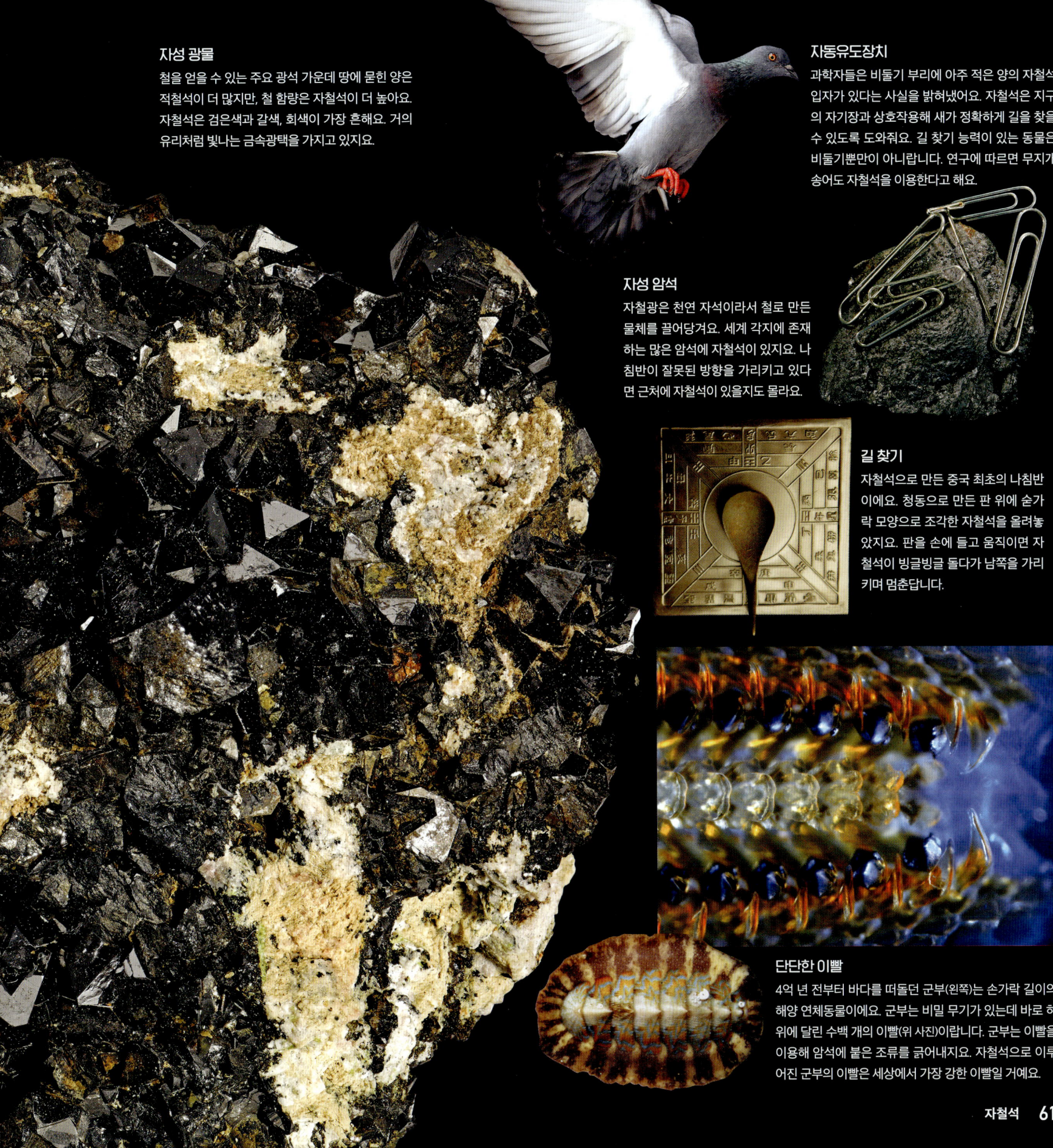

자성 광물
철을 얻을 수 있는 주요 광석 가운데 땅에 묻힌 양은 적철석이 더 많지만, 철 함량은 자철석이 더 높아요. 자철석은 검은색과 갈색, 회색이 가장 흔해요. 거의 유리처럼 빛나는 금속광택을 가지고 있지요.

자동유도장치
과학자들은 비둘기 부리에 아주 적은 양의 자철석 입자가 있다는 사실을 밝혀냈어요. 자철석은 지구의 자기장과 상호작용해 새가 정확하게 길을 찾을 수 있도록 도와줘요. 길 찾기 능력이 있는 동물은 비둘기뿐만이 아니랍니다. 연구에 따르면 무지개 송어도 자철석을 이용한다고 해요.

자성 암석
자철광은 천연 자석이라서 철로 만든 물체를 끌어당겨요. 세계 각지에 존재하는 많은 암석에 자철석이 있지요. 나침반이 잘못된 방향을 가리키고 있다면 근처에 자철석이 있을지도 몰라요.

길 찾기
자철석으로 만든 중국 최초의 나침반이에요. 청동으로 만든 판 위에 숟가락 모양으로 조각한 자철석을 올려놓았지요. 판을 손에 들고 움직이면 자철석이 빙글빙글 돌다가 남쪽을 가리키며 멈춘답니다.

단단한 이빨
4억 년 전부터 바다를 떠돌던 군부(왼쪽)는 손가락 길이의 해양 연체동물이에요. 군부는 비밀 무기가 있는데 바로 혀 위에 달린 수백 개의 이빨(위 사진)이랍니다. 군부는 이빨을 이용해 암석에 붙은 조류를 긁어내지요. 자철석으로 이루어진 군부의 이빨은 세상에서 가장 강한 이빨일 거예요.

자철석 61

금속 광물

전형적인 뾰족뾰족한 8면체 결정을 가진 자철석과 붉은 갈색 결정 형태의 금홍석이에요. 스위스 알프스산맥의 암석에서 발견한 광물 표본이지요. 자철석은 철을 얻을 수 있는 중요한 광석이면서 유일한 천연 자석이기 때문에 작은 철 입자가 표면에 붙은 채 발견되기도 해요. 금홍석은 반짝이는 붉은색의 광물이에요. 무게가 가볍고 녹슬지 않는 데다 아주 강한 금속인 타이타늄을 얻을 수 있는 주요 광석이랍니다.

옥수

미정질 석영

옥수는 아주 다양한 색을 자랑하는 카멜레온 같은 광물이에요. 옥수를 구성하는 미세한 석영 결정은 매우 단단해서 반짝반짝 광이 나도록 다듬을 수 있어요. 검은색과 흰색의 오닉스와 주황색 홍옥수, 갈색 띠 구조의 마노(174~175쪽을 보세요), 진홍색 벽옥까지 여러 형태가 있답니다.

옥수 표본

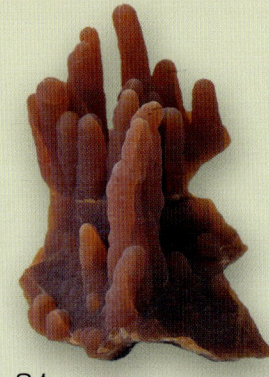

옥수

홍옥수

포도상 옥수

벽옥

- **종류:** 망상규산염
- **화학식:** SiO_2
- **산출 환경:** 퇴적암과 변성암, 화성암
- **산지:** 미국, 우루과이, 인도, 마다가스카르, 멕시코, 브라질, 아프리카 대륙, 독일, 영국, 러시아, 오스트레일리아
- **색:** 흰색, 무색, 회색, 파란색, 붉은색, 갈색, 녹색, 검은색, 다색(미량의 불순물이 있는 경우)
- **결정 형태:** 이산화규소의 압축 형태, 미세결정, 덩어리, 종유석, 정동 내벽, 띠 구조, 단괴형
- **굳기:** 6.5~7
- **쪼개짐:** 없음
- **깨짐:** 패각상부터 아패각상
- **광택:** 유리광택, 수지광택, 토상광택
- **조흔색:** 흰색
- **비중:** 2.6~2.7
- **투명도:** 반투명부터 불투명
- **결정계:** 삼방정계, 단사정계
- **쓰임새:** 보석, 조각, 장식품

옥수

이산화규소가 풍부한 물이 암석의 구멍이나 틈을 지날 때 입자가 고운 석영 결정들로 이루어진 옥수가 탄생해요. 순수한 형태는 흰색이지만 적은 양의 물질이 들어가면 색이 아주 다양해진답니다. 뚜렷한 띠 구조가 있는 옥수를 마노라고 불러요.

얇은 마노의 단면

마노는 옥수 중에서 가장 잘 알려진 형태예요. 마노의 모양은 아주 다양하지만 모두 색이 밝고 무늬도 뚜렷하답니다. 마노의 얇은 단면을 찍은 편광현미경 사진을 보면 구역에 따라 뚜렷이 나뉜 색의 배열을 확인할 수 있어요.

암모나이트 화석
석화는 원래의 유기물질이 화석으로 변하고, 남은 공간을 광물이 채우는 과정을 뜻해요. 옥수는 암모나이트(오른쪽)와 목재, 공룡 뼈와 같은 석화 화석(생물체의 몸이 썩은 공간에 광물이 들어가 몸 모양 그대로 굳은 화석)을 발견할 수 있는 광물 가운데 하나랍니다.

호안석
호안석은 준보석으로 인기 있는 석영 결정이에요. 크로시돌라이트와 같은 광물이 들어가 노란색과 갈색 띠 구조를 이루어요. 동양의 신화에서 호안석은 동물의 왕인 호랑이처럼 여겨지며 용기와 권력을 상징했답니다.

멕시코의 칼
15~16세기로 거슬러 올라가는 아즈텍 문명의 제례용 칼이에요. 옥수로 만든 날카로운 날이 달렸고, 손잡이에는 웅크린 전사의 모습이 나무로 조각됐어요.

암석 장미
브라질의 미나스제라이스주에서 발견된 장미 옥수 표본이에요. 둥근 모양이 꽃잎을 닮아서 붙은 이름이랍니다. 종종 반짝이는 결정을 이룬 장미 옥수가 나타나기도 해요. 이런 형태의 옥수를 귓바퀴나 뱀 모양 마노라고도 해요.

옥수 65

붕사

사붕산소듐 광물

붕사는 찌든 때와 범죄를 사라지게 해요! 염분이 많은 호수가 마를 때 형성되는 부드러운 붕사 결정은 세제와 방탄조끼의 재료인 붕소를 품고 있지요. 붕소는 로켓의 열 차단벽 재료로 우주에도 진출했어요.

종류: 붕사

화학식: $Na_2B_4O_5(OH)_4 \cdot 8H_2O$

산출 환경: 퇴적암

산지: 미국, 중국, 터키, 이탈리아, 칠레, 아르헨티나

색: 무색, 흰색, 연회색, 옅은 색조의 파란색이나 노란색, 녹색

결정 형태: 결정, 찰흔, 외피형, 일반적으로 뚜렷한 큰 결정으로 존재

굳기: 2~2.5

쪼개짐: 완전, 불완전

깨짐: 패각상부터 토상

광택: 유리광택부터 토상광택

조흔색: 흰색

비중: 1.7

투명도: 투명부터 반투명

결정계: 각기둥형, 단사정계, 가끔 쌍결정형

쓰임새: 살균제, 세제, 연수제, 탈취제, 살진균제, 제초제, 도자기와 유리 제조, 코팅된 종이, 내연제, 치아 미백제, 구강청결제, 붕사구슬시험(물질에서 특정한 금속의 존재를 확인하는 시험)

틴칼코나이트

붕사는 대부분 건조한 곳에서 보관하면 수분을 잃어요. 틴칼코나이트는 자연 상태로 발견되기도 하지만 사진처럼 붕사가 수분을 잃으며 생기는 경우가 더 많아요. 틴칼코나이트는 '세공사의 붕사'라는 별명을 가지고 있답니다.

광물 정원

붕사가 든 세제(아래)와 뜨거운 물 조금만 있으면 아주 멋진 결정체를 만들 수 있어요. 온도가 내려가면 붕사는 결정을 만들어요. 붕사 결정은 여러 물질에 붙어 다양한 모양을 만들 수 있지요. 눈송이 모양 결정체나 꽃이 가득한 수정 정원을 만들 수 있답니다. 하지만 항상 어른과 함께해야 해요.

붕사 표본

'텔레비전 돌'이라고도 하는 울렉사이트

코레마나이트
(수산화칼슘 붕소)

방탄 붕사

붕사는 붕소를 얻을 수 있는 중요한 광석이에요. 과학자들은 탄소와 붕소를 결합해 단단한 탄화붕소를 만들어요. 탄화붕소로 이루어진 두꺼운 세라믹 판은 방탄조끼를 만들거나 전차를 보호하거나 우주선의 열을 차단하는 데 쓰이지요.

방붕석
(염화마그네슘 붕소)

빨래 끝!

세탁 제품에는 붕사가 들어가요. 붕사는 물에서 무기물을 없애고 비누나 세제가 잘 녹도록 하는 역할을 해요.

커나이트
(붕소의 주요 광석)

20마리의 노새

붕사는 1883년에 발견된 후부터 미국 캘리포니아주의 염수호에서 채굴됐어요. 당시에는 20마리의 노새가 한 조를 이루어 광산에서 짐마차를 끌었다고 해요. '20마리 노새 붕사'라는 이름의 세제(왼쪽 위)도 있었답니다.

핵 원자로 제어

원자로에서 방출되는 에너지를 제어하기 위해 연료봉 사이에 이동형 제어봉을 넣어요. 붕사는 중성자를 흡수하는 능력이 뛰어나 핵반응 속도를 제어할 수 있어요.

붕사 67

철반석

수산화알루미늄 광물

철반석은 1821년에 레보라는 프랑스 마을에서 처음 발견됐어요. 철반석은 깁사이트와 다이어스포어, 베마이트 등 특정 암석이 열대지방에서 화학적으로 풍화될 때 남는 여러 종류의 광석으로 이루어져요. 철반석은 강하고 가벼운 알루미늄 금속을 얻을 수 있는 주요 광물이에요.

종류: 수산화물
화학식: $Al(OH)_3$, Al과 (OH)가 추가되기도 함
산출 환경: 화성암, 퇴적암
산지: 오스트레일리아, 중국, 브라질, 인도, 기니, 자메이카, 러시아, 아프리카 대륙
색: 흰색, 회색, 가끔 노란색이나 주황 계열의 붉은색, 분홍색, 갈색
결정 형태: 구형의 점토 재질 덩어리, 포도상, 단괴
굳기: 1~3
쪼개짐: 없음
깨짐: 토상
광택: 토상광택
조흔색: 보통 흰색
비중: 2.0~2.6
투명도: 불투명
결정계: 단사정계
쓰임새: 석유나 천연가스, 강철 산업, 공업용 연마제, 음료용 캔, 약품 포장, 운송수단, 건물 건축, 분장용, 시멘트, 정수기, 알루미늄, 물감, 합금, 용광로 내벽, 장식품

철반석 표본

다이어스포어 원석

깁사이트

피솔라이트 철반석

철반석 단괴

철반석 암석
산화알루미늄은 구성에 따라 상당히 형태가 다양해요. 철반석 암석은 겉모습이 점토 같은 경우가 많고 꽤 부드러운 편이에요. 대부분 지각 근처에서 발견되기 때문에 캐내기 쉽지요.

프랑스의 **나폴레옹 3세**는 **공식 만찬**에서 귀빈들의 음식을 **알루미늄 접시**에 담아 대접했어요. 일반 손님들용 음식은 **금과 은 접시**에 담아 내놨지요.

알루미늄

철반석은 지구상에 가장 풍부한 금속인 알루미늄을 얻을 수 있는 거의 유일한 광석이에요. 철반석은 알루미늄 생산의 기본 원재료인 깁사이트와 베마이트, 다이아스 포어의 혼합물이에요. 알루미늄을 분리하려면 많은 양의 전력이 필요하답니다.

불꽃놀이
알루미늄은 폭죽에서 온도를 조정하는 역할을 해요. 아주 밝게 빛나기 때문에 폭죽의 색을 바꿀 수도 있지요.

스푸트니크 1호
1957년 10월 4일, 구소련은 스푸트니크 1호를 우주로 발사했어요. 지구에서 최초로 발사된 인공위성이었지요. 밀봉된 구체 형태의 인공위성은 알루미늄과 마그네슘, 타이타늄 합금으로 이루어진 열 차단막을 두르고 있었어요. 그래서 아주 반짝반짝 빛났답니다.

금속 캔
알루미늄은 세계에서 두 번째로 많이 사용하는 금속이에요. 알루미늄 1톤을 재활용할 때마다 철반석을 최대 3톤까지 아낄 수 있어요.

포일 담요
알루미늄은 아주 가볍고 강할 뿐 아니라 열을 반사해요. 그래서 사고 현장에서 훌륭한 응급 담요로 활약한답니다. 알루미늄 담요는 안쪽을 향해 열을 반사해요.

철반석

형석

플루오린화칼슘 광물

형석은 정말 화려한 광물이에요. 색이 매우 다양해서 세상에서 가장 알록달록한 광물이라는 명성을 얻었을 뿐만 아니라 자외선을 받으면 빛을 낼 수 있지요. 그래서 이름도 형광을 뜻하는 형석이에요. 형석은 장신구를 만들거나 산업용으로 사용해요. 정말 다재다능하지요!

형석 표본

형석 결정

파란색 형석 결정

형석

형석

입방정계 쌍결정을 이룬 녹색 형석

종류: 할로겐화물

화학식: CaF_2

산출 환경: 화성암, 퇴적암, 변성암, 열수 광맥, 사방이 막힌 웅덩이의 소금물

산지: 중국, 멕시코, 남아프리카공화국, 러시아, 스페인, 몽골, 나미비아, 케냐, 모로코, 브라질, 영국, 이탈리아, 노르웨이, 스위스, 캐나다, 미국

색: 무색, 흰색, 모든 색, 다색 또는 띠구조

결정 형태: 입방팔면체, 알갱이, 포도상, 덩어리, 쌍결정

굳기: 4

쪼개짐: 평행부터 8면체

깨짐: 패각상

광택: 유리광택

조흔색: 흰색

비중: 3.0~3.3

투명도: 투명부터 반투명

결정계: 입방정계

쓰임새: 플루오르화수소산 생산, 렌즈, 플라스틱, 철과 강철 산업, 녹인 금속의 불순물을 제거하기 위해 추가, 장신구(블루존), 모조 다이아몬드, 조각, 도자기, 세라믹과 유리 제조

형석 장신구

형석은 다채로운 색깔 덕분에 석영 다음으로 인기가 많은 장신구용 광물이에요. 일부 형석은 아주 강렬한 색을 띠어요.

형석 결정

형석은 무색인 경우도 있지만, 보통은 다양한 색깔을 띠어요. 가끔은 한 결정에 여러 색이 들어 있기도 하지요. 완전한 8면체로 쪼개지거나 갈라질 수 있어요.

점등
형석 결정은 자외선을 받으면 형광을 내거나 밝게 빛나요. 형석에 흡수된 자외선은 위 사진처럼 눈에 보이는 빛의 형태로 에너지를 방출하지요. 각기 다른 장소에서 자란 형석은 같은 불빛 아래에서도 다른 색으로 빛날 수 있답니다.

블루존
영국 더비셔주의 캐슬턴 근방에서만 찾을 수 있는 블루존은 희귀한 띠 구조로 수백 년 동안 인기가 많았어요. 위 사진의 블루존 꽃병은 이탈리아의 폼페이 유적에서 발견됐어요. 블루존은 18세기 후반에 장식용 꽃병이나 저택을 꾸미기 위한 기둥용 돌로 인기를 끌었어요.

형석 렌즈
형석은 카메라나 현미경, 망원경 렌즈의 재료예요. 형석으로 만든 렌즈는 초점이 잘 맞혀요. 자외선 망원경에도 널리 쓰이지요.

형석 71

빛과 어둠

흰색의 형석이 검게 빛나는 섬아연석 결정(80~81쪽을 보세요)에 박혔어요. 형석은 무지개색 중 대부분을 띠는 반면, 섬아연석은 철 불순물을 포함한 경우가 많아 금속광택의 짙은 회색이나 검은색을 띤답니다. 형석은 대부분 한 가지 색을 띠지만, 일부 종류는 띠 구조를 이루거나 색이 여러 구역으로 나뉠 수 있어요. 미량원소(아주 적은 양의 원소)가 없는 형석은 투명하거나 무색이에요. 사진과 같은 검은색의 섬아연석은 철섬아연석이라고 해요.

방해석

탄산칼슘 광물

자연사박물관에 가면 방해석을 볼 수 있어요. 건물은 몰라도 공룡의 뼈 안에는 거의 확실히 들어 있으니까요. 300가지가 넘는 형태로 존재하는 방해석은 많은 일을 해요. 농장의 토양을 비옥하게 하거나 의약품으로서 소화를 도와요. 집을 깨끗하게 하거나 광산의 내벽에서 위험한 먼지가 퍼지지 않도록 막아 주기도 하지요.

방해석 표본

방해석 결정

글렌도나이트

방해석 결정

적철광에 물든 방해석

흰색 방해석

종류: 탄산염
화학식: $CaCO_3$
산출 환경: 퇴적암, 변성암, 드물게 화성암
산지: 아이슬란드, 멕시코, 독일, 체코, 미국, 영국
색: 무색, 흰색, 모든 색, 띠 구조
결정 형태: 능면체와 부등삼변면형 결정, 판형 결정, 각기둥, 조각, 바늘, 대부분 괴상이지만 종유석이나 섬유 형태도 존재
굳기: 3
쪼개짐: 능면체, 완전
깨짐: 완전 쪼개짐, 드물게 패각상으로 깨짐
광택: 유리광택부터 토상광택
조흔색: 흰색
비중: 2.7
투명도: 투명부터 불투명
결정계: 삼방정계
쓰임새: 건축 재료, 시멘트, 도로 건설용 골재, 광학기구, 용광로에서 철 정제용으로 사용, 수영장의 염기성 물질, 종이 제조, 물감 희석제, 플라스틱 충전재, 제약

결정질 방해석
순수한 형태는 무색이나 흰색이지만 어떤 미량원소를 포함하는지에 따라 다른 색을 띨 수 있어요. 방해석은 형광을 내요(71쪽을 보세요).

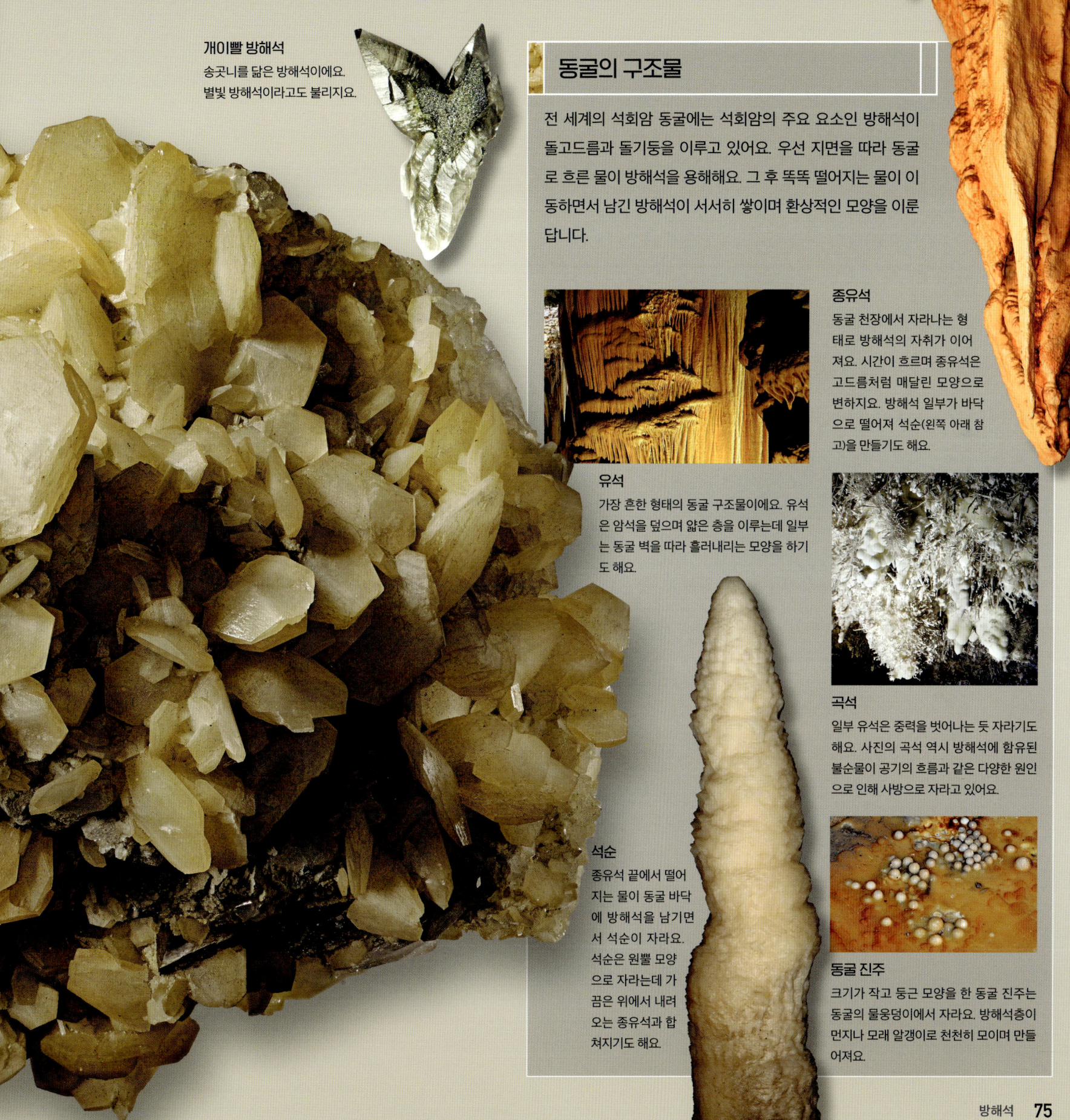

개이빨 방해석
송곳니를 닮은 방해석이에요. 별빛 방해석이라고도 불리지요.

동굴의 구조물

전 세계의 석회암 동굴에는 석회암의 주요 요소인 방해석이 돌고드름과 돌기둥을 이루고 있어요. 우선 지면을 따라 동굴로 흐른 물이 방해석을 용해해요. 그 후 똑똑 떨어지는 물이 이동하면서 남긴 방해석이 서서히 쌓이며 환상적인 모양을 이룬답니다.

종유석
동굴 천장에서 자라나는 형태로 방해석의 자취가 이어져요. 시간이 흐르며 종유석은 고드름처럼 매달린 모양으로 변하지요. 방해석 일부가 바닥으로 떨어져 석순(왼쪽 아래 참고)을 만들기도 해요.

유석
가장 흔한 형태의 동굴 구조물이에요. 유석은 암석을 덮으며 얇은 층을 이루는데 일부는 동굴 벽을 따라 흘러내리는 모양을 하기도 해요.

곡석
일부 유석은 중력을 벗어나는 듯 자라기도 해요. 사진의 곡석 역시 방해석에 함유된 불순물이 공기의 흐름과 같은 다양한 원인으로 인해 사방으로 자라고 있어요.

석순
종유석 끝에서 떨어지는 물이 동굴 바닥에 방해석을 남기면서 석순이 자라요. 석순은 원뿔 모양으로 자라는데 가끔은 위에서 내려오는 종유석과 합쳐지기도 해요.

동굴 진주
크기가 작고 둥근 모양을 한 동굴 진주는 동굴의 물웅덩이에서 자라요. 방해석층이 먼지나 모래 알갱이로 천천히 모이며 만들어져요.

방해석 75

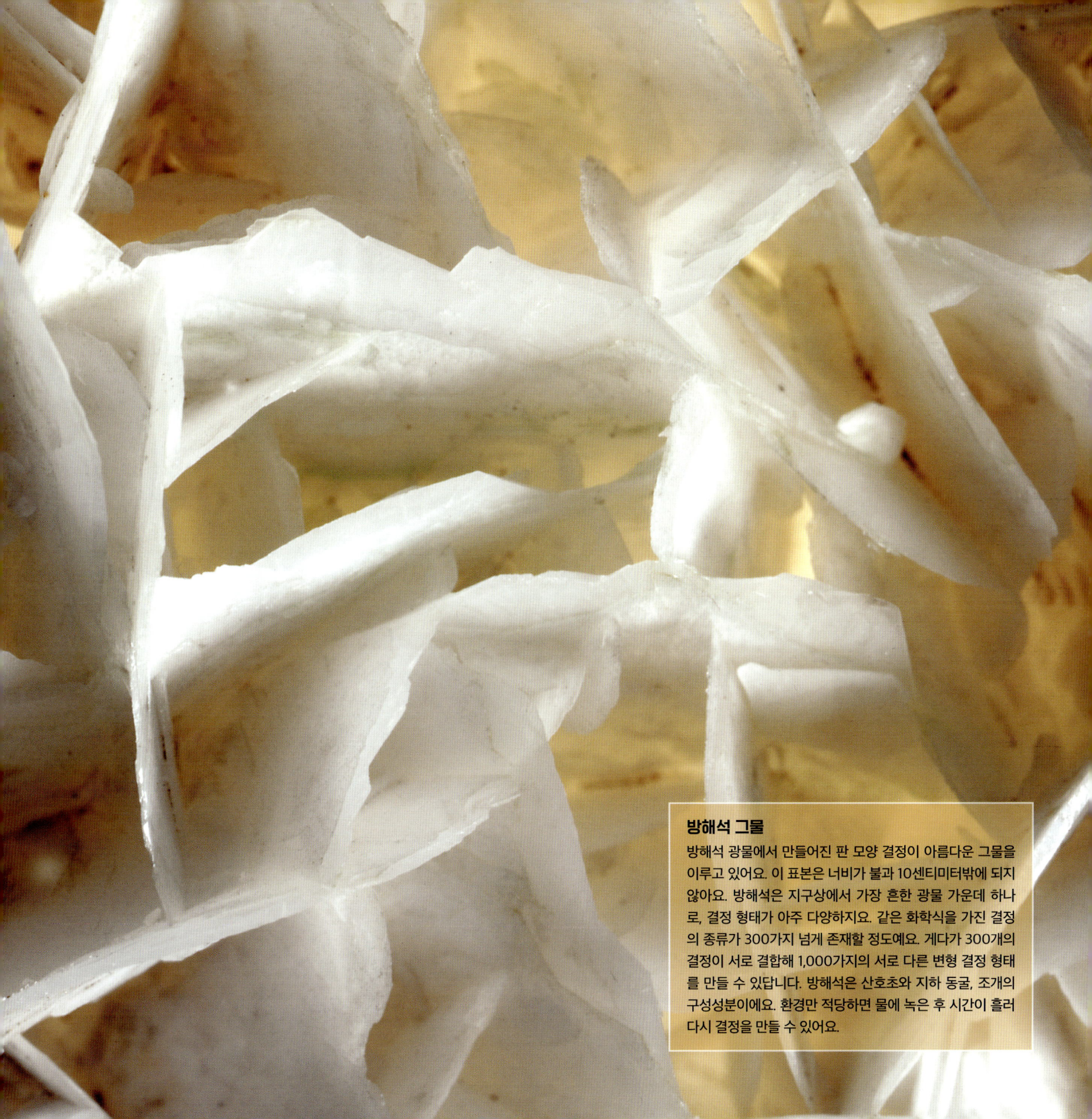

방해석 그물

방해석 광물에서 만들어진 판 모양 결정이 아름다운 그물을 이루고 있어요. 이 표본은 너비가 불과 10센티미터밖에 되지 않아요. 방해석은 지구상에서 가장 흔한 광물 가운데 하나로, 결정 형태가 아주 다양하지요. 같은 화학식을 가진 결정의 종류가 300가지 넘게 존재할 정도예요. 게다가 300개의 결정이 서로 결합해 1,000가지의 서로 다른 변형 결정 형태를 만들 수 있답니다. 방해석은 산호초와 지하 동굴, 조개의 구성성분이에요. 환경만 적당하면 물에 녹은 후 시간이 흘러 다시 결정을 만들 수 있어요.

중정석

황산바륨 광물

중정석은 굉장히 매끄러워요. 그래서 트럼프 카드를 부드럽게 가공하고 무게를 늘려 다루기 쉽게 만들거나, 자동차의 차체를 매끄럽게 다듬기 위해 사용해요. 무게가 가볍지는 않아서 석유 채굴 산업이나 병원에서 인체에 해로운 광선을 차단하기 위해 사용하기도 해요.

종류: 황산염
화학식: $BaSO_4$
산출 환경: 퇴적암, 열수와 중열수 광맥
산지: 중국, 인도, 모로코, 미국, 멕시코, 터키, 이란
색: 무색, 흰색, 다양한 범위의 색, 가끔 푸른빛, 다색이나 띠 구조
결정 형태: 과립, 섬유 모양, 덩어리, 단괴, 종유석, 장미 모양, 드물게 쌍결정 형태, 닭 볏 모양
굳기: 3~3.5
쪼개짐: 완전 평행부터 평면, 양호한 평행부터 각기둥 면
깨짐: 불평탄, 취상
광택: 유리광택부터 진주광택
조흔색: 흰색
비중: 4.3~4.6
투명도: 투명부터 불투명
결정계: 사방정계
쓰임새: 굴착 이수(석유를 채굴할 때 윤활유로 사용), 종이와 고무 제조, 플라스틱, 엑스선, 흰색 색소, 유리 제조

사막의 장미
사막의 장미라고 알려진 일부 중정석은 사막 지역에서 장미 모양으로 자라요. 석고(129쪽을 보세요)도 장미 모양으로 자라지만, 훨씬 얇고 가볍고 부러지기 쉬워요.

중정석 결정
바륨 금속의 주요 광석이에요. 다양한 색과 결정 형태가 두드러지고 온천이나 열수 지역 주변에서 자주 발견되지요. 중정석의 '중'은 '무겁다'라는 뜻이랍니다.

중정석 표본

중정석 석순

적철석으로 물든 중정석

각기둥 중정석 결정

흰색 중정석

연금술사의 돌

볼로냐의 돌은 1600년대 초반에 이탈리아의 볼로냐 지역 주변에서 발견됐어요. 불순물이 섞인 바륨으로 이루어진 볼로냐의 돌은 빛에 닿으면 반짝였지요. 열을 가하면 어둠 속에서도 몇 년간 반짝이곤 했답니다. 당시의 연금술사들은 이 돌에 마법의 특성이 있다고 생각했지요.

바륨 약

바륨 약은 의사들이 환자의 몸 속을 확인할 수 있게 도와줘요. 환자가 바륨 액체를 삼키면 장기를 감싼 바륨을 엑스선으로 검사할 수 있어요.

섬아연석

황화아연 광물

한때 납을 채굴하던 광부들은 섬아연석을 방연석(54~55쪽을 보세요)과 같은 납 광석으로 착각하곤 했어요. 섬아연석은 너무 약해서 자르고 다듬을 때 조심하지 않으면 부서질 수 있어요. 하지만 아연 금속을 얻을 수 있는 가장 중요한 광물이기도 해요. 섬아연석이라는 이름부터 반짝이는 아연 광물이라는 뜻이랍니다. 아연을 도료로 씌우면 안쪽의 금속이 녹슬지 않아요.

종류: 황화물

화학식: $(Zn, Fe)S$

산출 환경: 퇴적암, 열수 지역

산지: 오스트레일리아, 볼리비아, 캐나다, 중국, 인도, 아일랜드, 카자흐스탄, 멕시코, 페루, 미국

색: 투명, 검은색, 갈색, 붉은색, 주황색, 노란색, 드물게 녹색, 회색, 띠 구조

결정 형태: 사면체 결정(보통 쌍결정이나 무리 지은 결정 형태), 덩어리, 알갱이, 포도상, 종유석

굳기: 3.5~4

쪼개짐: 완전, 평행부터 12면체

깨짐: 패각상

광택: 금속광택, 아금속광택, 금강광택, 수지광택

조흔색: 흰색 혹은 연갈색

비중: 3.9~4.1

투명도: 투명부터 불투명

결정계: 입방정계

쓰임새: 장신구, 수집용 다면체 돌, 그림, 고무, 화장품, 플라스틱, 잉크, 비누, 전지, 옷감, 전자제품, (황동, 니켈, 은, 알루미늄 납과 같은) 합금

섬아연석 표본

회색 섬아연석

섬아연석과 붉은 적철석

짙은 회색 섬아연석

섬아연석 결정

섬아연석 결정

투명도와 색이 모두 아주 다양한 몇 안 되는 광물 가운데 하나예요. 철을 많이 함유한 섬아연석은 금속광택의 짙은 검은색(오른쪽)을 띠고 자외선 불빛을 비추면 형광(71쪽을 보세요)으로 반짝이기도 해요.

희귀한 보석

섬아연석 결정은 투명하지만, 철 함량에 따라 강한 색을 띠기도 해요. 그래서 불타는 듯한 강렬한 색을 내곤 하지요. 섬아연석은 부드러워서 자르기 힘들지만, 펜던트나 브로치로 많이 사용해요.

아연 도금 못
아연 도금은 철과 강철과 같은 다른 금속에 아연 보호막을 씌우는 기술을 뜻해요. 아연은 물과 산소가 금속에 닿지 못하게 막아서 녹을 예방하지요. 도금이 벗겨지더라도 남은 아연이 강철과 철을 보호해요.

금속 장난감
1950년대에는 많은 어린이가 주물로 만든 자동차와 트럭을 가지고 놀았어요. 쉽게 틀로 찍어낼 수 있는 데다 가볍고 강한 아연과 알루미늄 합금 덕분에 부모들이 몰던 자동차와 똑같은 자동차 장난감을 만들 수 있었지요.

쓸모없는 동전?
미국의 1센트(약 10원) 동전은 97.5퍼센트의 아연과 2.5퍼센트의 구리로 이루어져 있어요. 그런데 2013년부터 아연의 가격이 너무 올라서 동전 하나를 만드는 데 1.8센트가 필요하게 됐답니다!

성장을 위한 음식
사람과 동식물은 모두 성장과 발달 과정에서 아연이 필요해요. 아연은 우리의 면역 체계가 적절히 기능할 수 있도록 도와주지요. 굴과 소고기, 땅콩은 모두 아연이 풍부해요.

희귀한 원소
섬아연석은 이리듐(위)과 카드뮴, 갈륨과 같은 다양한 희귀 원소를 얻을 수 있는 광물이에요. 단단한 은백색의 전이원소인 이리듐은 그 어떤 금속보다 부식에 강해요. 더욱 단단하게 만들기 위해 주로 백금(26~27쪽을 보세요)과 섞어 합금을 만들어요.

섬아연석

진사 결정
순수한 진사는 밝은 진홍색이지만 불순물이 섞이면 적갈색부터 붉은 벽돌색까지 다양한 색을 띠어요. 지각 근처나 최근에 활동한 화산, 온천과 가까운 곳에서 발견되지요. 밝은색 덕분에 쉽게 찾을 수 있어요.

진사

황화수은 광물

마치 핏빛 같은 진홍색을 띤 진사는 화산의 암석과 온천 근처에서 만들어져요. 세상에서 가장 위험한 광물로 손꼽히는 진사에게 어울리는 위험한 장소지요. 가열한 진사가 내뿜는 증기를 응결시키면 독성이 매우 높은 액체 수은이 나와요. 지금은 수은을 매우 조심해서 다루고 있답니다.

중국의 붉은 칠 공예
붉은 칠 공예 기술은 중국의 독특한 문화예요. 진사 광택제인 황화수은 가루로 색을 내는 기술이지요.

주색 색소
고대 시대부터 고운 진사 가루를 물감의 색소로 사용해 왔어요.

진사 가면
붉은 진사 색소와 구리, 황금으로 만든 11세기의 페루 가면이에요.

액체 수은
진사는 수은의 주요 광석이에요. 예로부터 광범위하게 진사를 채굴해 수은을 얻곤 했어요. 지금은 너무 위험해서 수은을 독성이 없는 대체물로 교체하고 있지요.

진사 표본

석영과 백운석에 자란 진사

백운석에 자란 진사

백운석에 자란 진사

종류: 황화물

화학식: HgS

산출 환경: 화성암, 열수 지역, 온천, 화산활동과 관련

산지: 스페인, 중국, 이탈리아, 슬로베니아, 세르비아, 미국, 러시아, 외몽골

색: 밝은색부터 어두운색까지 모든 색조의 붉은색

결정 형태: 덩어리, 외피형, 과립, 구형, 두꺼운 판상 결정

굳기: 2~2.5

쪼개짐: 완전 각기둥

깨짐: 불평탄

광택: 금강광택, 아금속광택, 토상광택

조흔색: 붉은색

비중: 8.0~8.1

투명도: 투명부터 불투명

결정계: 삼방정계

쓰임새: 중국의 전통 의약품, 예술가들의 그림, 수은 제품, 법랑질

진사 나방
유럽과 아시아에서 서식하는 진홍나방은 밤에도 낮에도 하늘을 날아요. 진사의 진홍색처럼 밝은 붉은색 때문에 영어로는 진사나방을 뜻하는 '킨나바 모스'라고 부른답니다.

진사 83

황비철석

산화철 비소 광물

황비철석은 은과 금, 주석과 함께 발견되는 경우가 많아요. 광부들은 원하는 광석을 얻기 위해서 황비철석을 제거해야 했지요. 황비철석을 망치로 때리면 마늘 냄새가 나요! 사실 마늘 냄새는 치명적인 독성을 가진 비소가 있다는 좋지 않은 신호예요. 하지만 비소에는 유용한 특성도 있어요. 의료용품이나 물감, 옷을 염색하는 염료, 용광로 내벽용 벽돌로 사용할 수 있답니다.

황비철석 표본

황비철석(은회색)과 형석(보라색)

은회색의 황비철석

계관석(황화비소)

웅황(황화비소)

종류: 황화물

화학식: FeAsS

산출 환경: 화성암, 퇴적암, 변성암, 열수 지역

산지: 중국, 볼리비아, 멕시코, 포르투갈, 독일, 노르웨이, 스웨덴, 미국, 캐나다, 일본

색: 은백색부터 청회색, 공기에 닿으면 연한 구리색으로 변색

결정 형태: 길쭉한 결정, 기둥, 알갱이, 덩어리, 압축 집합체, 가끔 쌍결정체

굳기: 5.5~6.5

쪼개짐: 양호, 평행부터 반구형 면

깨짐: 불평탄

광택: 금속광택

조흔색: 회색계열의 검은색

비중: 5.9~6.2

투명도: 불투명

결정계: 단사정계

쓰임새: 비소의 주 광석, 염료, 화학물질, 가죽 처리, 살충제, 색소, 목재 방부제

황비철석
뾰족뾰족한 황비철석의 모양이 잘 잡힌 결정이에요. 불순물로 아주 적은 양의 금을 포함할 때도 있어서 가끔 바보의 금인 황철석(30~31쪽을 보세요)으로 오해받기도 해요.

지열 웅덩이
뉴질랜드 와이오타푸의 '샴페인 풀'은 온도가 75도에 달하는 알록달록한 물웅덩이에요. 비소와 안티몬, 황화수은 때문에 이런 색을 띤답니다.

비소

비소는 사람들에게 가장 잘 알려진 독약 가운데 하나예요. 색도 냄새도 맛도 없어서 알아차리기 힘들었기 때문에 로마 시대부터 19세기 중반까지 가장 널리 쓰인 독약이었답니다. 하지만 누군가를 죽이기 위해서만 사용된 것은 아니에요. 누군가는 아름다워지기 위해, 또는 힘을 얻기 위해 비소를 먹었어요. 비소가 얼마나 위험한지 알아차린 사람은 거의 없었답니다.

체사레 보르자
보르자는 르네상스 시대에 이탈리아를 지배했던 유명한 가문이에요. 체사레는 재산을 지키기 위해 많은 사람을 비소에 중독시켰다는 비난을 받았답니다.

비소를 먹는 사람들
1851년에 스위스의 한 의사는 지금의 오스트리아에 해당하는 스티리아의 사람들이 비소를 먹는 관습에 대한 논문을 발표했어요. 이 지역의 소작농들은 높은 산에서 일하거나 걸어야 할 때 호흡을 돕기 위해 규칙적으로 비소를 먹었어요. 소작농들은 자신을 천천히 중독시키고 있었을 거예요.

미용술
1910년에 만들어진 사진의 벽보에는 비소를 비롯한 무기염이 가득한 열탕을 자랑하는 이탈리아 알프스산맥의 호텔 광고가 실려 있어요. 비슷한 시기에 캠벨 박사는 비소 조각이 "여드름과 주름, 주근깨, 블랙헤드, 보기 싫은 홍조 등 아름다움을 해치는 단점들을 없애 준다"라고 주장했어요. 다행히도 1930년대부터 비소의 사용이 중단됐지요.

황비철석

비소 광물
모서리에 금속광택을 띠는 왼쪽의 커다란 진회색 결정은 황비철석이에요. 연회색 멜니코바이트나 미색의 황철석(오른쪽 아래) 결정과 함께 발견되곤 해요. 황비철석은 비소를 포함한 광물 가운데 가장 흔하면서 널리 사용되는 광물이에요. 적당한 온도부터 높은 온도에서 형성되는 광맥에서 커다란 결정으로 자라곤 하지요. 석회암과 돌로마이트, 편마암, 페그마타이트 안에서 금이나 방연석, 석영과 함께 발견되기도 해요. 두드리면 마늘 냄새를 풍긴답니다.

암석은 광물로 이루어진 고체로, 지각을 이루어요. 우리는 암석 위에 서서 암석으로 건물을 짓고 조각상을 만들어요. 암석을 도구로 이용하고 몸에 착용하지요. 심지어 어떤 암석은 먹기도 한답니다! 만약 지구에서 살아 있는 유기체들과 물, 토양을 제외한다면 남는 것은 암석뿐일 거예요.

암석

화성암

화성암은 한때 땅속 깊은 곳에서 흐르던 끈적끈적하고 걸쭉한 마그마예요. 뜨겁게 녹인 '수프'와 같은 마그마에는 각자 고유한 특성을 가진 원소와 화합물이 섞여 있어요. 고체로 변하는 온도나 결정을 이루기 쉬운 정도와 같은 특성이지요. 이러한 특성에 따라 다양한 종류의 화성암이 탄생한답니다.

문상 화강암

감람석 반려암

반상 화강암

사장석 반정이 있는 휘록암

부석

조립현무암

붉은 화강암

유문암

화강암

관입 화성암

나라의 지도자들은 힘과 명예, 강한 신념의 열망과 사상을 담아 오랜 세월 동안 버틸 기념물을 만들었어요. 기념물의 재료는 화강암이었지요. 이집트 기자 지역의 피라미드와 중국의 만리장성, 미국을 대표하는 자유의 여신상의 토대는 모두 암석 중에서도 가장 견고한 화강암이랍니다.

암석 종류: 화성암, 규장질암, 심성암
산지: 세계 전역, 저반에서 가장 빈번하게 발견
주요 광물: 각섬석류, 흑운모, 장석, 각섬석, 흑운백운모, 사장석, 휘석, 석영
색: 흰색, 검은색, 회색부터 분홍색과 주황색, 붉은색
결정 형태: 표면에 구멍이 있는 관입형
입자 조직: 세립질부터 조립질
풍화 저항성: 강함
쓰임새: 건축 재료, 도로포장과 경계석, 석상, 묘비, 장신구, 컬링 게임용 돌, 대리암

화강암 표본

문상 줄무늬가 있는 화강암

화강암에 자란 석영과 전기석

반상 화강암

전기석 화강암
(열수 화강암)

화강암 풍경

빙하와 강물이 5,000만 년이 넘는 시간 동안 화강암을 깎아 미국 캘리포니아주 동부의 요세미티 골짜기를 만들었어요. 화강암 지형이 골짜기 주변에 우뚝 솟아 있지요. 가장 높은 꼭대기는 4,000미터에 달하는 라이엘산이랍니다.

화강암 위를 걸으며

대륙 지각에서 가장 흔한 암석인 화강암은 땅속 깊은 곳에서 규소가 풍부한 마그마가 식으며 만들어져요. 수백 킬로미터까지 펼쳐진 거대한 덩어리인 저반을 이루지요.

고대 이집트의 암석

고대 이집트인들에게 죽음은 장엄한 여정의 시작이었어요. 그래서 파라오가 죽으면 거대한 화강암 무덤 안에 묻은 뒤 화강암 석상을 세워 기념했지요. 일꾼들은 화강암을 조각하기 위해서 톱, 송곳과 함께 석영 모래를 사포로 사용했어요.

파라오 스핑크스
몇 안 되는 여성 파라오 가운데 한 명인 하트셉수트를 표현한 붉은 화강암 스핑크스예요. 국왕의 수염을 달고 있어요.

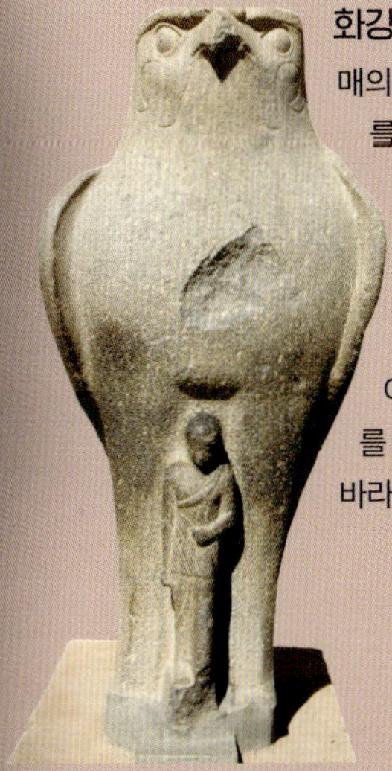

화강암 신상
매의 머리를 하고 파라오를 수호하는 신 호루스를 표현한 화강암 석상이에요. 매의 오른쪽 눈은 힘을 뜻하는 해 또는 샛별이고, 왼쪽 눈은 치유를 뜻하는 달 또는 개밥바라기예요.

고대 문자
고대 이집트인들은 단단한 화강암에 상형문자(신성문자)를 조각했어요.

조각상
기원전 1836~1818년에 파라오로 집권한 세소스트리스 3세의 화강암 두상이에요. 아문 대신전에서 발견됐어요.

건축 벽돌
이집트의 일꾼들은 파라오 쿠푸의 피라미드를 짓기 위해 화강암 덩어리를 끌고 800킬로미터가 넘는 거리를 이동했어요. 피라미드 안쪽에 있는 왕의 방을 위해 사용된 화강암 기둥은 무게가 최대 66톤이었답니다.

현무암

분출 화성암

껍질층을 가진 현무암은 해저 지각의 기반에서 많이 만들어져요. 지구상에서 가장 흔한 암석이면서 달과 수성, 화성, 금성에서도 발견되지요. 화산에서 터져 나온 직후의 현무암은 액체와 비슷해서 수천 킬로미터까지 흘러갈 수 있어요. 그 후 기체 거품이 생기며 거칠어진 현무암은 자동차용 도로나 보도에 사용할 수 있을 만큼 단단해진답니다.

암석 종류: 화성암, 화산암, 고철질암
산지: 화산이 폭발하는 세계 전역, 해저 지역
주요 광물: 사장석, 장석류, 휘석, 감람석, 가끔 석영, 백류석, 하석
색: 짙은 회색, 검은색, 가끔 녹색이나 붉은색 계열의 껍질층
결정 형태: 덩어리, 거친 알갱이(아아 용암류), 밧줄 모양(파호이호이 용암류), 다공질(화산 기체로 인한 구멍), 폭신함
입자 조직: 세립질
풍화 저항성: 강함
쓰임새: 건물의 기초, 도로용 자갈, 석상, 바닥용 타일

현무암 표본

행인상 현무암

다공질 현무암

베수비오산의 화산재 속에 묻힌 나뭇잎 화석

베수비오산의 화산탄

끈 모양 용암
표면에 매끄러운 줄 모양을 남기며 굳는 용암을 파호이호이 용암 또는 끈 모양 용암이라고 해요. 말 그대로, 표면에 끈처럼 생긴 모양이 보이기 때문이지요. 사진은 이탈리아 나폴리 근방의 베수비오산에서 발견된 용암 조각이에요.

용암류
철이 많이 들어간 용암이 빠르게 식으면 현무암으로 변해요. 파호이호이 용암류는 아래에서 용암이 계속해서 흐르는 동안 위쪽의 용암이 식으면서 주름이 지고 표면이 매끄러워져요.

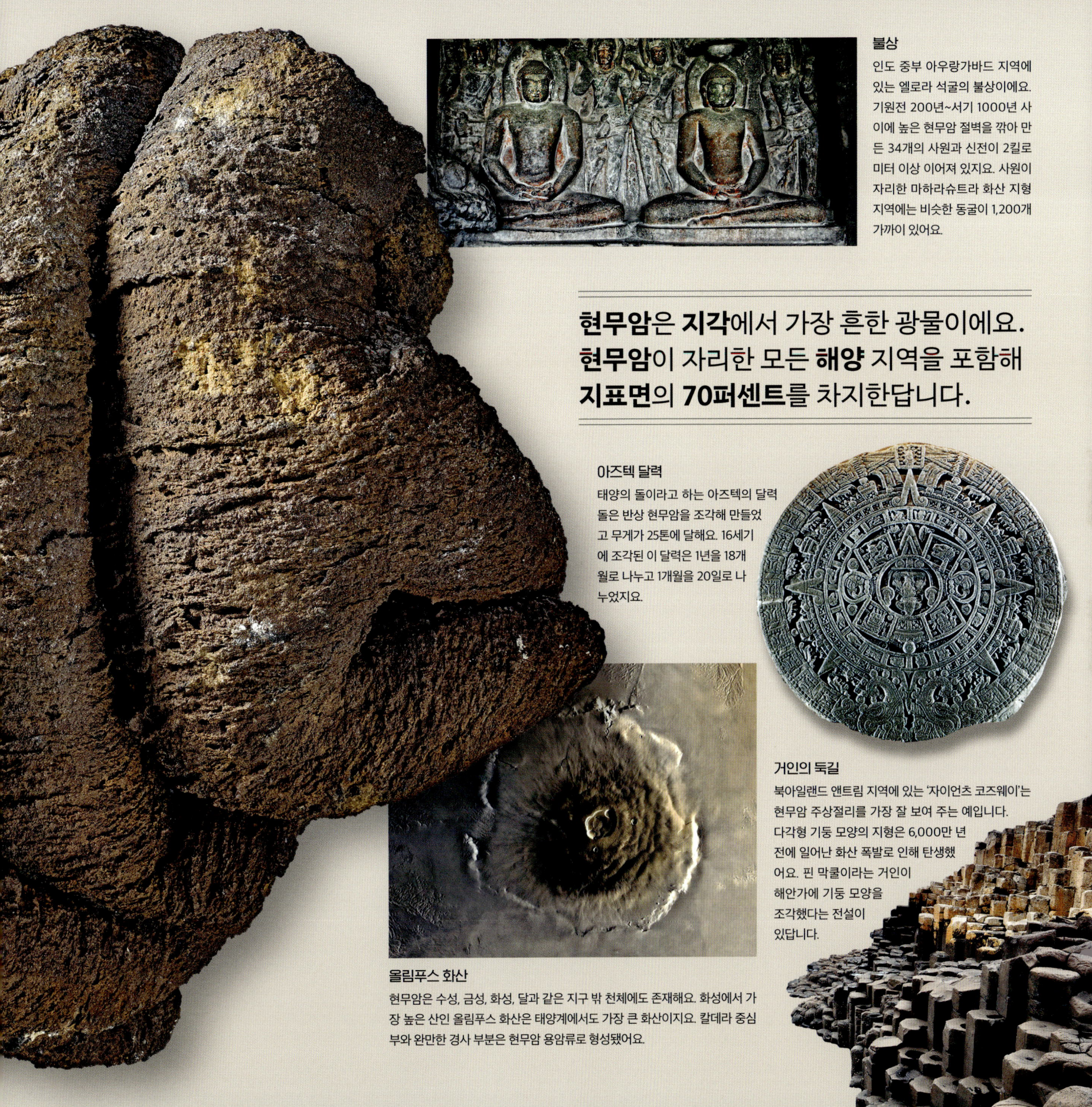

불상
인도 중부 아우랑가바드 지역에 있는 엘로라 석굴의 불상이에요. 기원전 200년~서기 1000년 사이에 높은 현무암 절벽을 깎아 만든 34개의 사원과 신전이 2킬로미터 이상 이어져 있지요. 사원이 자리한 마하라슈트라 화산 지형 지역에는 비슷한 동굴이 1,200개 가까이 있어요.

현무암은 지각에서 가장 흔한 광물이에요. 현무암이 자리한 모든 해양 지역을 포함해 지표면의 70퍼센트를 차지한답니다.

아즈텍 달력
태양의 돌이라고 하는 아즈텍의 달력 돌은 반상 현무암을 조각해 만들었고 무게가 25톤에 달해요. 16세기에 조각된 이 달력은 1년을 18개월로 나누고 1개월을 20일로 나누었지요.

거인의 둑길
북아일랜드 앤트림 지역에 있는 '자이언츠 코즈웨이'는 현무암 주상절리를 가장 잘 보여 주는 예입니다. 다각형 기둥 모양의 지형은 6,000만 년 전에 일어난 화산 폭발로 인해 탄생했어요. 핀 막쿨이라는 거인이 해안가에 기둥 모양을 조각했다는 전설이 있답니다.

올림푸스 화산
현무암은 수성, 금성, 화성, 달과 같은 지구 밖 천체에도 존재해요. 화성에서 가장 높은 산인 올림푸스 화산은 태양계에서도 가장 큰 화산이지요. 칼데라 중심부와 완만한 경사 부분은 현무암 용암류로 형성됐어요.

페그마타이트

관입 화성암

페그마타이트는 보물 상자를 닮았어요. 쉽게 찾을 수 없는 데다 희귀한 보석도 가득 들었지요. 페그마타이트는 마그마가 천천히 식으며 커다란 결정을 만드는 깊은 땅속에서 탄생해요. 황옥과 아콰마린, 스포듀민, 녹주석과 같이 인기가 높은 광물들을 품고 있답니다.

종류: 화성암, 규장질암, 심성암
산지: 높고 험준한 지역, 저반에서 가장 흔함
주요 광물: 인회석, 녹주석, 장석, 형석, 석류석, 홍운모, 석영, 백운모, 스포듀민, 황옥, 전기석, 에메랄드, 아콰마린, 주석석
색: 검은색, 갈색, 미색, 녹회색, 분홍색, 붉은색, 녹슨 색, 은색, 흰색, 노란색
결정 형태: 결정이 맞물린 관입성
입자 조직: 중립질부터 매우 조립질
풍화 저항성: 강함
쓰임새: 건축과 건물 외장재, 상판과 타일, 전자 장치(마노), 유리와 세라믹, 충전재(장석), 장신구, 조각품

페그마타이트 표본

화강암질 페그마타이트

페그마타이트와 컬럼바이트, 석영, 인회석

분홍색 페그마타이트와 백운모

길버타이트, 페그마타이트, 바이리네나이트

페그마타이트, 페타라이트, 엽랍석

페그마타이트 결정

직경이 최소 1센티미터인 아주 커다란 결정을 가진 조립질 암석이에요. 수십 센티미터 길이의 결정이 발견되곤 해요. 결정의 크기는 냉각 속도와 마그마가 함유한 물의 양에 따라 달라져요. 물이 많으면 마그마가 아주 천천히 식을 수 있답니다.

펜촉
페그마타이트에서 발견되는 광물 중에서도 가장 희귀한 것은 텅스텐이에요. 단단한 청회색 금속인 텅스텐은 모든 금속 중에서도 녹는점이 가장 높아요. 탄화텅스텐은 굉장히 단단해서 절단 도구나 철갑탄약, 볼펜의 촉으로 사용해요.

그림 벽
미국 거니슨 국립공원의 블랙 협곡 북쪽 면에 있는 '페인티드 월'은 690미터로 콜로라도주에서 가장 높고 가파른 절벽이에요. 페그마타이트 암석으로 이루어진 밝은색 띠 구조, 다시 말해 암맥이 협곡의 화강암 벽을 가르며 그림을 그리듯 이어졌어요.

페그마타이트층
페그마타이트는 물이 풍부한 마그마에서 형성되기 때문에 가장 마지막으로 식어 단단해지는 암석이에요. 천천히 식는 동안 암석의 틈 사이로 비집고 들어갈 수 있지요. 블랙 협곡의 페인티드 월에 있는 밝은 분홍색 띠 구조 역시 이렇게 만들어졌답니다.

풍부한 광물
페그마타이트에서 스포듀민(위)이 나오곤 해요. 스포듀민은 리튬 광석으로 매우 가치가 높아요. 리튬은 약부터 전지까지 생활 곳곳에 쓰이지요.

> 미국 **메인주**의 페그마타이트 암석 안에서 **길이 8미터, 너비 1.4미터**의 녹주석 결정이 발견됐어요.

황금 황옥
페그마타이트에서 보석 수준의 황옥 매장지가 발견될 수 있어요. 가끔 커다랗고 내포물이 없는 결정을 만들어 내기도 해요. 세공을 거친 다양한 색의 돌은 사진의 황금과 분홍색 황옥 목걸이처럼 장신구로 사용해요.

전기석 귀걸이
페그마타이트는 멋진 전기석(170~171쪽을 보세요) 결정체를 품고 있어요. 전기석은 다양한 색으로 존재하지요.

귀중한 보물
녹주석이 풍부한 페그마타이트는 엄청나게 희귀해요. 사진의 파란색 아콰마린과 같은 녹주석은 지구의 마그마 중에 0.003퍼센트밖에 존재하지 않는다고 추정돼요.

페그마타이트 97

화산의 황무지

러시아의 캄차카반도에는 지구에서 가장 활발한 1,200킬로미터 길이의 화산 지대가 있어요. 최근에 총 300개의 화산 중에 33개가 분화했고 그중 상당수가 폭발했지요. 1690년부터는 200번의 분화가 기록됐어요. 이 지역은 온갖 위험으로 가득하지만, 화산뿐만 아니라 용암류부터 화산재와 간헐천, 온천까지 다양한 아름다움을 자랑한답니다. 화산 대부분은 현무암으로 이루어진 순상화산이나 원추형의 안산암질 화산이에요.

응회암

분출 화성암

응회암은 화산이 암석과 화산재, 마그마를 뿜어내며 대폭발을 일으킬 때 나타나요. 이때 떨어지거나 형성되는 모든 암석을 응회암이라고 하지요. 응회암은 세 가지 종류가 있어요. 결정질, 주로 유리로 이루어진 유리질, 부서진 암석 덩어리로 이루어진 석질이랍니다.

종류: 화성암, 규장질암, 파쇄암

산지: 세계 전역의 모든 큰 화산 근처

주요 광물: 규장질암 또는 유문암질 응회암, 장석 또는 석영, 현무암이나 고철질 응회암, 장석이나 휘석, 감람석

색: 갈색, 회색, 노란색, 새롭게 형성됐을 때는 흰색 계열의 회색 또는 회색 가루

결정 형태: 화산 분출 시에 용결되고 압축된 물질, 암석 조각과 결정, 유리 파편의 혼합물, 흔히 부석 형태

입자 조직: 세립질

풍화 저항성: 강하지 않음

쓰임새: 건축 외장재, 벽, 바닥, 도로포장, 조각품

응회암 표본

압축되지 않은 화쇄류암

결핵 화쇄류암

층을 이룬 응회암

응회암 덩어리

용결화쇄류암

응회암 마을
이탈리아의 투스카니 남서부에는 수 세기 동안 응회암을 깎아 집과 기둥, 묘지를 만든 마을이 있어요. 산허리에 위풍당당하게 솟은 지중해 마을 피틸리아노지요.

응회암과 용암

부드럽고 구멍이 많은 응회암은 압축된 화산재와 먼지에서 탄생해요. 응회암은 어두운색의 용암 조각을 포획암으로 품고 있지요. 특정 화산의 잇따른 분출로 형성된 응회암층은 두께가 수백 킬로미터에 달하기도 해요.

서기 79년, 베수비오산

79년 8월 24일 정오, 이탈리아 남부에 있는 폼페이와 헤르쿨라네움 사람들은 평소처럼 생활하고 있었어요. 그런데 갑자기 베수비오산이 폭발하며 16킬로미터 높이의 화산재 구름과 부석(102~103쪽을 보세요) 폭탄을 하늘로 내뿜었지요. 단 24시간 만에 두 도시에 사는 2,500명이 넘는 시민들이 치명적인 독성 기체에 질식하거나 파괴적인 화산니와 암석의 홍수에 묻히며 사망했어요.

베수비오 분화

분화는 이틀간 이어졌어요. 뜨거운 화산재 구름과 화산쇄설류가 산을 따라 흐르며 두 도시를 불태우고 사람들의 숨통을 짓눌렀지요.

폼페이 발굴

1860년 고고학자 주세페 피오렐리(왼쪽)가 폼페이 발굴을 맡았어요. 아래에서부터 발굴을 시작해 많은 건물을 보존할 수 있었답니다.

폼페이의 현재

베수비오산은 유럽 대륙에서 유일한 활화산이에요. 1631년에 마지막으로 대규모 분화가 일어났고 1944년에도 소규모로 분화했지요. 산 근처에 사는 70만 명의 사람들은 언젠가 위험할 일이 벌어질 수도 있다는 사실을 잘 알고 있을 거예요.

폼페이의 개

고고학자들은 화산재가 뒤덮인 구덩이 속에서 사체를 발견했어요. 용암 반죽이 구멍을 채우면서 죽는 순간부터 함께 굳어 버린 사람과 동물이지요.

이스터섬

세계에서 가장 유명한 석상인 남태평양 이스터섬의 모아이는 주로 응회암을 조각해 만들었어요. 응회암은 풍화되기 쉬워서 원래의 모습을 유지하고 있는 석상은 얼마 되지 않아요.

부석

분출 화성암

탄산음료를 닮은 암석은 무엇일까요? 바로 부석이에요! 화산이 분출할 때 마그마가 기체를 용해하곤 해요. 이 기체가 탄산음료 캔을 흔들었을 때처럼 용암에 작은 거품을 만든답니다. 암석이 단단해진 후에는 가득한 구멍 때문에 물에 뜰 정도로 가벼워지지요.

종류: 화성암, 규장질암, 파쇄암

산지: 세계 전역의 화산 근처(바람으로 인해 수천 킬로미터 이상 이동)

주요 광물: 주로 화산유리, 산화철, 이산화규소, 규장질암이나 유문암질 응회암, 석영, 현무암질이나 고철질 응회암, 장석이나 감람석, 휘석

색: 무색, 베이지색, 연회색, 연녹색, 분홍색, 흰색, 노란 계열의 회색

결정 형태: 화산 분출 시에 용결되고 압축된 물질, 결정을 포함하거나 포함하지 않음

입자 조직: 세립질

풍화 저항성: 강하지 않음

쓰임새: 도로 제설용 혼합물, 비누, 치아 광택제와 치약, 산업 광택제, 화분의 장식용 돌, 물 빠진 청바지의 유연제, 타이어 고무의 마찰 개선제, 고양이 모래

거품 암석

밝은색을 띠는 화산석 부석은 안에 갇힌 거품에 의해 스펀지 같은 상태가 됐어요. 이런 성질을 다공질이라고 해요. 이 때문에 부석은 물에 뜰 정도로 가볍답니다. 부석의 '부'는 물에 뜬다는 뜻이에요.

부석 표본

혼층화(층을 이룬) 부석

강한 다공질 부석

섬유질 부석

섬유질 부석의 표출 암괴

부석 돌밭

가로 25킬로미터, 세로 10킬로미터에 불과한 아르헨티나의 부석 돌밭에는 5,000개가 넘는 훌륭한 암석 지형이 있어요. 건조하고 거친 바람이 부석을 조각해 하얀 미로를 만들었지요.

1991년에 **필리핀**의 **피나투보산**이 분화하며 5제곱킬로미터 면적의 **화산재**와 **부석 화산력**이 터져 나왔어요.

표류하는 화산력
2006년 8월에 미국항공우주국(NASA)의 아쿠아 위성은 남태평양의 통가섬 근처에서 두 가지 새로운 존재를 발견했어요. 하나는 해저 분화로 인해 나타난 새로운 섬, 두 번째는 분화로 터져 나온 거대한 부석 화산력이었지요.

스코리아
사진의 현무암질 용암석 역시 다공질이지만 거품 구멍이 부석보다 훨씬 작아서 훨씬 무거워요. 그래서 물에 뜨지 않지요. 사진은 베수비오산(101쪽을 보세요)에서 나온 조각이에요.

각질 제거용 돌
부석은 죽은 피부를 긁어내는 각질 제거 능력이 탁월해요.

가벼운 반구형 지붕
서기 118~125년, 로마 황제 하드리아누스는 신에게 바치는 신전 판테온을 지었어요. 8개의 기둥 위에 얹힌 아치가 교차하며 거대한 반구형 지붕을 떠받들고 있지요. 로마인들은 지붕에 가벼운 부석을 사용했어요.

흑요석

분출 화성암

흑요석을 쪼개면 무언가를 자를 수 있을 만큼 날카로운 조각이 생겨요. 그래서 구석기 시대 사람들은 흑요석을 칼로 사용했지요. 흑요석은 상대적으로 '젊은' 암석이에요. 결정이 자랄 시간도 없을 만큼 용암이 빠르게 식으면서 만들어지기 때문에 입자가 매우 곱고 질감도 유리처럼 매끄럽답니다. 하지만 2,000만 년이 지나면 천천히 수분을 흡수하면서 색이 탁해져요.

종류: 화성암, 규장질암

산지: 세계 전역의 용암이 아주 빠르게 식는 화산 근처

주요 광물: 광물이 거의 없지만 알칼리장석과 석영을 포함

색: 검은색, 파란색, 갈색, 녹색, 주황색, 황갈색, 노란색

결정 형태: 결정이 최소한으로 성장하는 규장질 용암에서 생성된 화산 유리

입자 조직: 유리질, 반정 결정

풍화 저항성: 강함

쓰임새: 장식품, 조각, 장신구, 의료 장비

흑요석 표본

(방사형 결정의) 구과상 흑요석

눈송이 모양 흑요석

패각상으로 쪼개진 흑요석

송지암

흑요석 절벽

미국 와이오밍주 옐로스톤 국립공원 옵시디언 하구에는 흑요석 절벽이 우뚝 솟아 있어요. 사람들은 도구를 만들기 위해 1만 1,000여 년 전부터 이 절벽에서 흑요석을 캐냈어요. 그 후 수 세기 동안 절벽에서 채굴된 흑요석들은 캐나다가 있는 북쪽까지 거래가 됐지요.

칼날

흑요석은 아주 딱딱하고 부러지기 쉬워서 끝부분이 매우 날카롭게 쪼개져요. 13~15세기의 아즈텍 사람들은 제물을 바치거나 의료용 칼이 필요할 때 사용했어요.

눈송이로 덮인 개
일부 흑요석에는 작고 하얀 크리스토발라이트 결정이 무리를 지어 눈송이 모양(왼쪽)으로 나타나기도 해요. 다듬었을 때 다른 색을 띠기도 하는데, 이런 흑요석을 불꽃 흑요석이라고 부르지요.

유리 보석
흑요석이 가진 천연의 아름다움은 옛 사람들의 흥미를 끌었어요. 여러 고대 유적지에서 수천 년 전으로 거슬러 올라가는 흑요석 장신구가 발견되기도 했지요. 지금도 세공사들은 고대의 돌에 관심이 많답니다.

아파치의 눈물
어느 날 아파치족 전사들은 상대 부족의 기습을 받았어요. 그러나 전사들은 항복하지 않고 절벽으로 뛰어내렸지요. 전사들이 아래로 떨어지는 순간 그 가족들이 흘린 눈물이 '아파치의 눈물'로 변했다고 해요.

흑요석 가면
아즈텍 왕국에서는 가면을 장식용으로 사용했고 의식을 위해 착용하기도 했어요. 사진의 세밀화 가면은 전쟁의 신인 위칠로포치틀리의 군대인 이쉬틀릴톤을 표현했어요.

유리질 암석
흑요석은 매끄러운 질감을 가진 천연 유리예요. 이산화규소가 풍부한 뜨거운 용암이 화산에서 분출하며 만들어지지요. 순수한 흑요석은 보통 어두운 색이지만 불순도에 따라 색이 다양해요. 화산의 종류에 따라 흑요석의 종류도 달라진답니다.

흑요석

흑요석 띠 구조

미국 오리건주 중부에 자리한 뉴베리 국립 화산 기념지에는 화산활동으로 만들어진 지형이 약 218제곱킬로미터 이상 펼쳐져 장관을 이루고 있어요. 이곳에는 아름다운 강뿐만 아니라 분석구와 용암굴, 현무암류, 흑요석의 유문암류와 같은 화산 지형이 많아요. 굉장히 거대한 이 암석은 풍화 작용과 침식으로 무너지고 있지만, 아직도 검은 흑요석 띠 구조를 쉽게 관찰할 수 있지요. 화산은 아직도 활동 중이에요. 가장 최근에 분출한 시기는 불과 약 1,300년 전이랍니다.

반려암

관입 화성암

반려암은 거칠어요. 지구에서 가장 풍부한 암석으로 지각의 현무암 아래에 엄청난 양으로 존재하지요. 지각 위로 올라와 풍화가 일어나면 삐죽삐죽한 산꼭대기 모양을 이루기도 해요. 가끔 검은 화강암으로 불리지만, 현무암보다 색이 어둡고 밀도가 높은 전혀 다른 암석이랍니다.

종류: 화성암, 고철질암, 심성암
산지: 해양지각
주요 광물: 주로 아회장석이나 조회장석, 휘석과 같은 사장석, 보통휘석과 감람석
색: 짙은 회색부터 검은색, 흰색 반점, 검은색이나 갈색, 붉은색 반점
결정 형태: 녹은 마그마가 표면에 도달해 현무암으로 식지 않고 땅속에 갇히며 형성
입자 조직: 조립질
풍화 저항성: 강함
쓰임새: 장식용 포장재와 건물 외장재, 부엌 내벽, 쇄석 골재

가까이 보기

반려암의 얇은 단면을 찍은 알록달록한 현미경 사진을 보면 감람석과 사장석과 같은 광물들이 암석 안에서 짜인 모습을 확인할 수 있어요. 감람석 결정은 여러 불규칙한 모양을 띤 채 제멋대로 자란 반면, 사장석은 길고 가느다란 결정을 이루어요.

반려암 표본

트록톨라이트

풍화된 감람석 반려암

감람석 반려암

지각 암석

해양지각 깊은 곳에 존재하는 암석은 보통 반려암이에요. 반려암은 결정이 크기 때문에 얼룩무늬처럼 보여요. 현무암과 비슷하게 생겼지만, 입자가 좀 더 조립질이지요.

나이지리아의 주마 암석

725미터 높이의 주마 암석은 나이지리아의 화폐인 100나이라에도 그려져 있어요. 반려암과 화강 섬록암으로 이루어진 주마 암석은 나이지리아의 수도인 아부자 근처에 있어요.

조립현무암

관입 화성암

조립현무암은 휘록암과 휜스톤, 트랩록과 같은 다양한 이름에서 알 수 있듯이 정체가 확실하지 않아요. 반려암처럼 굉장히 딱딱하고 색이 어두워요. 그리고 맨눈으로 볼 수 있을 정도로 결정이 크기 때문에 표면에 반점이 있지요.

종류: 화성암, 고철질암, 비현정질암
산지: 세계 전역의 화산 근처의 암맥, 암상, 분상암체, 병반
주요 광물: 주로 사장석과 휘석, 석영과 녹니석, 정장석, 자철석
색: 짙은 회색부터 검은색, 얼룩덜룩한 검은색과 흰색
결정 형태: 상대적으로 이산화규소를 적게 함유한 현무암 종류
입자 조직: 세립질부터 중립질
풍화 저항성: 강함
쓰임새: 도로, 철로 자갈, 기념비, 상감 세공 재료, 장신구

조립현무암 표본

세립질 석영 완화휘석 조립현무암

조립현무암 판

풍화된 조립현무암

풍화된 벌집 구조 조립현무암

얼룩덜룩한 암석

조립현무암은 회색부터 검은색을 띠고 얼룩덜룩한 반점을 갖고 있어요. 오래된 조립현무암의 상당수는 지구의 지각판이 나뉘는 과정에서 생겨났지요.

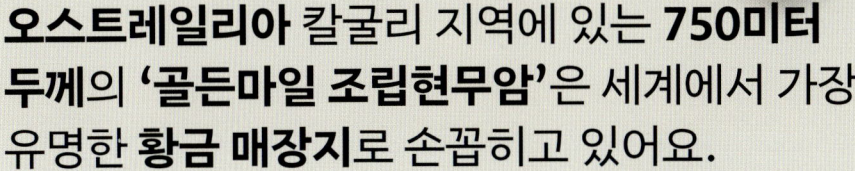

오스트레일리아 칼굴리 지역에 있는 **750미터 두께**의 **'골든마일 조립현무암'**은 세계에서 가장 유명한 **황금 매장지**로 손꼽히고 있어요.

죽음의 협곡

미국 캘리포니아주 데스밸리에 있는 버섯모양 암석 기둥은 모래와 바람이 조립현무암을 깎아 만든 작품이에요.

조립현무암 동그라미

약 3,000년 전, 브리튼섬의 구석기인들은 무거운 조립현무암을 들고 웨일스부터 잉글랜드까지 240킬로미터가량 이동해 거대한 돌을 원형으로 배치했어요. 돌을 옮긴 이유와 방법에 대해 제대로 아는 사람은 아무도 없지요. 하지만 스톤헨지는 지금껏 모든 사람이 볼 수 있도록 자리를 지키고 있답니다.

퇴적암

퇴적암은 층에서 탄생해요. 강이나 바다 바닥에서 퇴적물과 진흙, 모래가 압축되고 굳으며 형성한 고체가 바로 퇴적암이지요. 모든 퇴적암층은 과거의 지구에 관해 말해 주는 책 속의 한 면이라고 할 수 있답니다.

고생대의 절지동물 화석을 품은 버제스 셰일

해양 조개가 붙어 있는 석회암

쇄설성 퇴적암 역암

화강암과 편암이 박힌 역암

석고

수석

암염(돌소금)

암염(돌소금)

녹슨 구리가 함유된 사암

석고

사암

운모류를 함유한 사암

세공한 붉은 벽옥

충돌 흔적이 있는 사암

갈탄

수석

응회암

자갈질 각력암 역암

각력암

역청질 석탄

사막의 장미
'사막의 꽃'은 보통 석고나 중정석으로 이루어지지만 천청석을 비롯한 다른 광물에서 탄생하기도 해요. 보통 사막과 같은 아주 건조한 환경에서 수천 년 만에 걸쳐 만들어진답니다. 지질학적 기준으로는 아주 짧은 시간이지요.

이회암

석회암

탄산염 퇴적암

석회암은 살아 있다?! 어쩌면 그렇게 생각할 수도 있어요. 석회암은 오래전에 죽은 생물체의 껍질이나 뼈로 이루어졌기 때문에, 도시 한가운데에 있는 석회암 건물에 공룡 뼈 조각이 있을지도 몰라요! 퇴적암 가운데 이암과 사암 다음으로 풍부한 암석이기 때문에 여러 지역에서 발견돼요.

잠자리 화석
단단한 껍데기가 없는 생물도 석회 진흙에 떨어져 화석이 될 수 있어요. 진흙이 곤충의 유해 주변을 석화(165쪽을 보세요)시키면서 어두운색의 유기물질이 남는답니다.

종류: 퇴적암, 해양 암석

산지: 따뜻하고 얕은 바다에서 형성된 암석, 대륙지각

주요 광물: 주로 방해석과 아라고나이트, 백운석과 석영

색: 주로 흰색과 노란색, 갈색, 회색부터 검은색, 기름 성분이 풍부할 경우 어두운색

결정 형태: 주로 덩어리, 띠 구조, 온전한 모습의 산호초 조각을 포함하기도 함

입자 조직: 세립질부터 매우 조립질

풍화 저항성: 다양함

쓰임새: 건축, 외장재, 바닥 타일, 비바람과 열을 차단하는 지붕재, 농업을 위한 토양 처리제, 광산 벽을 봉하기 위한 안전분진, 철제품, 유리 제조, 시멘트 제조

석회암 표본

복족류 화석이 있는 붉은 석회암

어란상 석회암

조류 결속 석회암

석판용 석회암

화폐석 석회암

암석 풍경
석회암 지역에서 간혹 나타나는 지형이에요. 카렌이라고 하는 암석 판 사이에 암석이 침식되며 만들어진 커다란 수직의 틈새가 자리해요. 석회암이 이산화탄소를 함유한 빗물에 의해 녹으면서 나타나는 지형이랍니다.

세르고티 운석
탄산칼슘으로 이루어진 석회암은 지구뿐만 아니라 화성에도 존재해요. 1865년 8월 25일, 인도에 5킬로그램짜리 운석이 떨어졌어요. 화성의 지각에서 떨어져 나왔다고 알려진 이 운석은 약간의 탄산칼슘과 소량의 석고(129쪽을 보세요)를 포함합니다.

연암
석회암은 부드러운 광물인 방해석이 든 연암(부드러운 암석)이에요. 하지만 잘 뭉치면 꽤 단단해지기도 해요. 보통 석회암에는 작은 해양 생물의 화석과 껍질 조각을 비롯한 화석 잔해가 있어요. 맨눈으로도 볼 수 있는 커다란 화석이 나타나곤 하지요.

석회암 건물

수천 년 동안 사람들은 석회암 자체나 석회암을 으깬 가루로 건물을 지어 왔어요. 고대 로마의 뛰어난 건축가들은 석회암에서 추출한 석회를 화산재와 섞은 뒤 900도에서 구워서 가장 견고한 콘크리트를 만들었지요. 석회암은 지금도 가치 있는 자원이랍니다.

마야의 피라미드
엘 카스티요의 피라미드는 서기 100년 현재의 멕시코 지역에 세워진 마야 왕국의 도시 치첸이트사 중앙에 자리하고 있어요. 도시가 석회암 고원 위에 존재하기 때문에 석회암으로 건물을 지었지요.

기울어진 탑
1173년 이탈리아의 피사 대성당을 위한 새로운 종탑이 세워지기 시작했어요. 대리암 외장재와 석회암을 사용한 건물은 3층을 지어 올렸을 때부터 기울기 시작했답니다.

엠파이어스테이트 빌딩
세계에서 가장 유명한 건물로 손꼽히는 엠파이어스테이트 빌딩은 미국 인디애나주의 석회암을 이용해 지었어요. 채석장에서 공급한 석회암은 1만 8,630톤에 달했답니다.

런던탑
악명 높은 감옥인 런던탑은 1078년 윌리엄 1세가 세웠어요. 건축가는 영국의 석회암을 사용했지만, 외장재로는 프랑스의 캉 지역에서 캐내서 운반해 온 석회암이 쓰였지요.

백악관
1902년 백악관을 수리하기 위해 사용한 순백색 석회암은 지중해 지역의 채석장에서 왔을지도 몰라요. 하지만 모든 기록이 제2차 세계대전 동안 파괴됐지요.

타임캡슐

인도네시아 보르네오섬의 동굴 안에서 석회암 석순이 사방으로 마구 자라고 있어요. '술 취한 숲'이라는 이름을 가진 이 동굴은 지진으로 탄생했지요. 보르네오는 세계에서 가장 큰 동굴이 자리한 섬이에요. 2012년 연구자들은 보르네오 북쪽의 서로 다른 3개의 동굴에서 1,700개 이상의 석순 표본을 채취했어요. 타임캡슐이나 다름없는 석순에서 광물을 분석한 연구자들은 지난 수만 년 동안 서태평양에 갑작스럽게 닥친 기후변화에 대해 더욱 많은 정보를 얻을 수 있었지요.

백악

탄산칼슘

영국 남부의 해안가에 솟은 백악질 절벽은 1억 년 전에 바다 밑에서 탄생했어요. 백악은 따뜻하고 얕은 바닷속에서 아주 작은 해양 동물들의 껍질이 쌓여 만들어지거나 방해석 개흙에서 탄생해요. 육지에서 먼 데다 모래나 진흙을 비롯한 다른 퇴적물이 섞이지 못하는 곳에서 만들어지기 때문에 흰색을 띠지요.

종류: 퇴적암, 해양 암석, 석회암의 형태
산지: 세계 전역의 백악기 시대 암석 (1억 4,000만~6,500만 년 전)
주요 광물: 주로 방해석, 일부 이산화규소, 또는 점토 광물
색: 흰색, 노란색, 회색
결정 형태: 부드러운 가루질 암석으로 패석을 포함하기도 함
입자 조직: 세립질
풍화 저항성: 강하지 않음
쓰임새: 건물용 시멘트, 농장의 비료, 철과 강철 제조, 반죽과 음식 첨가용 분말

새하얀 암석

백악은 부드럽고 고운 질감의 석회암이에요. 흰색을 띠기 때문에 발견하기 쉬운 편이지요. 다공성이라 아주 작은 구멍으로 액체나 공기가 빠르게 드나들 수 있어요. 따라서 백악질 지형은 건조하고, 겉으로 드러나 있는 경우가 많아요.

백악 표본

붉은 백악

백악 속 백철석

스타일롤라이트 백악

뒤틀린(습곡) 백악

해안 침식 지형
산성의 바닷물은 해안가의 암석을 녹여요. 사진 속 영국 남부의 가파른 백악질 절벽은 수 세기 동안 바닷물과 풍화, 침식의 협업으로 탄생했지요.

동굴의 나라
이스라엘 마레샤와 벧구브린 국립공원의 한 언덕에는 부드러운 백악을 깎아 만든 지하 동굴이 있어요. 2,000여 년 동안 매장지와 비둘기장, 저장소, 은신처로 사용된 3,500개의 방이 있답니다.

백악 그림
백악은 최초의 동굴벽화를 탄생시켰어요. 르네상스 시대에는 예술가들을 위한 분필로 쓰였지요. 전통적인 분필은 천연 백악으로 만들었지만, 지금은 보통 석고 광물로 만들어요.

코콜리드
백악은 코콜리드라고 하는 아주 작은 탄산칼슘 판으로 이루어져 있어요. 코콜리드는 단세포 조류인 석회비늘편모류에서 만들어지지요. 일부 석회비늘편모류 화석은 5억 년 전으로 거슬러 올라가기도 해요.

미끄럼 방지
현대의 운동선수들이 고대 플랑크톤의 도움을 받는다는 사실을 알고 있나요? 체조선수들은 이단평행봉을 잡기 전에 손에 백악 가루를 문지른답니다. 백악을 이루는 아주 작은 플랑크톤의 껍질을 부수어 만든 가루는 마찰력을 높이지요.

프랑스 북부에 자리한 하얀 **백악질**의 **에트르타 절벽**은 화가인 **클로드 모네**의 그림에 영감을 준 **천연 아치**로 유명해요.

백악 117

각력암

퇴적 쇄설암

각력암은 산사태나 눈사태가 나서 생겨날 때가 많아요. 부서진 자갈 조각과 오래된 암석이 세립질의 모래 성분에 의해 함께 굳으며 새로운 암석을 만들지요. 너무 빠르게 생겨나기 때문에 암석의 단단한 모서리가 둥글게 깎일 틈이 없어 아주 날카롭답니다.

종류: 퇴적암, 민물, 빙하, 해양 암석

산지: 단층대나 부정합에서 자주 나타나고 역암 근처에도 존재

주요 광물: 방해석, 장석, 석영, 이산화규소

색: 검은색부터 주황색과 보라색, 노란색과 흰색까지 다양한 색

결정 형태: 각이 지고 부서진 암석이나 광물 조각이 하나로 결합한 형태

입자 조직: 조립질(세립질부터 중간질이 섞인 알갱이와 자갈부터 바위 크기의 각진 조각의 혼합물)

풍화 저항성: 강함

쓰임새: 건축용 돌, 창틀, 타일, 도로 건설용 골재

역암
사진의 퇴적암은 각력암과 비슷하지만 풍화 과정을 거친 크고 둥근 자갈과 돌, 바위가 함께 굳으며 만들어졌어요.

각력암 표본

틸라이트(각력암 역암)

탄산염 화산 각력암

자갈질 역암

바하마 공화국의 싱크홀
각력암은 격렬한 지각운동으로 암석이 부서지고 빠르게 한데 뭉쳐 탄생해요. 산사태가 일어나는 장소나 단층대, 무너지는 동굴, 또는 갑자기 발생한 싱크홀 지역에 생겨나지요.

각력암
각력암은 작은 입자들이 함께 굳어 생긴 크고 각이 진 조각이나 쇄설암으로 이루어져 있어요. 모서리가 뾰족하게 각져서 '각력'이라 부른답니다.

셰일

퇴적 쇄설암

셰일은 지각 대부분을 뒤덮고 있는 가장 흔한 퇴적암이에요. 얇은 층을 이루기 때문에 쉽게 갈라지는 성질이 있어요. 검은 셰일은 분해된 플랑크톤이나 박테리아, 식물과 같은 유기물질을 포함해요. 그래서 여기에서 석유나 천연가스를 얻을 수 있답니다.

종류: 퇴적암, 민물, 해양 암석
산지: 천천히 흐르는 물이 고운 퇴적물을 퇴적시키는 심해 낮은 곳의 암석
주요 광물: 주로 점토 광물, 소량의 석영, 이산화규소, 조장석, 흑운모, 방해석, 녹니석, 백운석, 적철석, 운모, 황철석
색: 검은색, 갈색, 녹색, 회색, 붉은색, 노란색, 파란색
결정 형태: 두께가 매우 다양한 고운 층상
입자 조직: 아주 세립질
풍화 저항성: 아주 강하지는 않음
쓰임새: 타일, 벽돌, 석유와 천연가스 채취, 시멘트, 도자기, 외장재

버제스 셰일
셰일은 화석을 찾기 아주 좋은 암석이에요. 그중 캐나다 로키산맥의 버제스 셰일은 특별해요. 5억 500만 년 전, 캄브리아기로 거슬러 올라가는 버제스 셰일 화석은 보존 상태가 아주 훌륭하지요. 사진은 버제스 셰일에서 발견된 가장 큰 절지동물의 화석이에요.

점판암
셰일을 압축하고 가열하면 점판암(148~149쪽을 보세요)으로 변해요. 점판암은 보통 퇴적암에서 만들어지지요.

셰일 표본

유혈암

붉은 셰일

셰일 판

셰일 가루
셰일을 부수어 물과 섞으면 항아리를 만들 때 사용하는 점토가 돼요. 테니스용 클레이 코트를 만들 때 사용하기도 해요.

층상 구조
셰일은 점토로 구성된 세립질 암석으로 최소 30퍼센트 이상의 점토 광물과 토사 혼합물을 포함하고 있어요. 얇은 판으로 쉽게 쪼개지는 층상 암석이지요. 유기물 함량이 높을수록 셰일의 색이 짙어져요.

몬터레이 셰일
미국 캘리포니아주 북부에서 남부 해안가로 이어진 갈비뼈 모양의 셰일 지형이에요. 4,440제곱킬로미터 넓이의 몬터레이 셰일은 150억 배럴로 추정되는 석유와 천연가스를 품고 있답니다.

화석 전시관

화석은 식물이나 죽은 동물의 유해, 동물의 발자국, 이동 궤적, 그리고 동물이 남긴 굴이 돌로 변해 만들어져요. 진흙이나 모래가 쌓여 만들어진 암석 속에서 발견되지요. 공룡과 같이 오래전에 멸종한 생명체가 남긴 유일한 증거랍니다.

바다조름
(6억 년 전)

버제스 셰일의 마렐라 스플렌덴스(5억 500만 년 전)

삼엽충(5억 년 전)

황철석 속의 완족류
(5억 년 전)

메갈로돈 이빨
(1,200만 년 전)

암모나이트 단면
(1억 7,000만 년 전)

성게
(8,000만 년 전)

어룡의 분석
(똥 화석, 2억 년 전)

공룡 뼈
약 6,700만 년 전 티라노사우루스 두개골이에요. 백악기 시대의 거대한 공룡인 티라노사우루스 화석은 오직 30여 개만이 발견됐답니다. 티라노사우루스는 사나운 포식자였어요. 사냥할 때는 빠르고 단단한 몸과 커다란 이빨로 작은 앞다리와 앞발을 대신했지요.

사암

퇴적 쇄설암

사암은 건물이나 기념비에 많이 사용하는 흔한 암석이에요. 오래된 사암 기념비를 보면 알 수 있듯이 석회암이나 화강암보다 풍화가 잘 일어나지요. 사막이나 강, 바다에서 찾을 수 있고 강렬한 붉은색이나 노란색을 포함해 여러 색이 존재한답니다.

적갈색 사암 집
미국 뉴욕시에는 '브라운스톤'이라는 주택이 줄줄이 이어져 있어요. 이 건물들은 건물 전체나 앞면을 적갈색 사암으로 만들었지요. 적갈색 사암은 작업이 쉬워서 건축물 장식용으로 인기 있는 돌이에요.

암석 종류: 퇴적암
산지: 전 세계의 퇴적암 지대
주요 광물: 95퍼센트 이상이 석영 알갱이지만 장석과 방해석, 운모, 점토 광물이 풍부한 암석도 존재
색: 검은색부터 베이지색, 녹색과 회색에서 분홍색, 흰색, 노란색까지 다양함. 사막에서는 붉은색.
결정 형태: 부드럽고 둥근 모래 알갱이
입자 조직: 중립질부터 조립질
풍화 저항성: 좋지 않거나 양호
쓰임새: 건물, 모래, 유리 제조, 숫돌

사암 표본

녹색 사암

규암

철질 사암

풍화된 사암

석영 사암

사막에 그린 그림
미국 애리조나주의 한 고원에 1만 9,400제곱킬로미터 넓이로 펼쳐진 이 사막에는 오색 사막이라는 딱 어울리는 이름이 붙었어요. 사암과 이회암, 셰일로 이루어진 형형색색의 층 덕분에 넓게 펼쳐진 불모지 언덕이 멋진 무지갯빛 풍경으로 보여요.

사막의 돌
사암 속 알갱이는 보통 풍화로 크기가 줄어든 뒤 물이나 바람, 얼음에 의해 다양한 장소로 이동해요. 그리고 시간이 흐르며 여러 층으로 쌓이지요. 암석에 보이는 구멍은 아마도 고대 동물들이 만든 굴일 거예요.

유리 생산(왼쪽)

인간은 수천 년 동안 모래로 유리를 만들어 왔어요. 기원전 3,000년경 고대 이집트에서는 모래를 녹여 유리구슬을 만들었지요. 지금은 적어도 이산화규소를 98퍼센트 이상 함유한 사암으로 품질이 뛰어난 유리 제품을 만들어요.

붉은 장밋빛 페트라(오른쪽)

홍해와 사해 사이에 자리한 요르단사막 깊은 곳에 '붉은 장밋빛 도시' 페트라가 있어요. 서기 50년경 페트라에는 2만 명의 주민들이 살았지요. 사암 절벽을 깎아 만든 페트라는 고대 무역로와 맞닿아 있었답니다.

사암과 편마암

수백만 년 전 깊은 땅속에서 엄청난 열과 압력을 받은 사암이 변성 과정을 통해 편마암(145쪽을 보세요)이 됐어요. 광물이 재결정화를 통해 뚜렷한 층을 이루었지요.

사암 협곡

미국 애리조나주의 사암층에 천둥과 번개를 동반한 계절성 홍수가 갑자기 몰아치며 좁은 틈새를 가진 협곡이 탄생했어요. 사암의 가느다란 틈새로 들어간 물이 연마 입자인 모래를 휘저으며 천연 아치와 구멍, 곡선을 깎아 냈지요. 협곡은 너비는 좁지만 매우 깊고 구불구불 이어져 있어요. 가끔 빛이 스며들며 사암의 멋진 빛깔이 드러나기도 해요. 일부 구멍은 아주 깊어 빛 한줄기만이 들어갈 수 있답니다.

석회화

탄산칼슘

석회화는 기이해요. 방해석이 풍부한 샘 둘레를 따라, 마치 수도꼭지나 욕조를 덮고 있는 하얀 앙금처럼 석회 성분이 쌓여 암석이 되지요. 이 암석은 석회가 풍부한 물이 흐르는 곳에서 자라며 절벽이나 폭포를 덮기도 해요. 이끼를 비롯한 식물 위를 덮거나 심지어 수중 탑 안으로 자라기도 한답니다.

석회화 표본

석회질 석회화

석회질 석회화

트래버틴

석회질 석회화

층을 이룬 석회화

암석 종류: 퇴적암, 석회암

산지: 석회암 지역, 온천이나 강, 간헐천 근처

주요 광물: 방해석, 종종 아라고나이트

색: 흰색, 미색, 노란색, 종종 산화철로 인해 갈색부터 붉은색으로 물듦

결정 형태: 덩어리, 띠 구조나 종유석, 석순, 가끔 포도상, 석회화는 다공질이고 트래버틴은 압축된 형태

입자 조직: 조밀부터 토상, 부스러기

풍화 저항성: 상당히 강함

쓰임새: 건물 재료, 조각품, 장신구를 위한 주물 재료, 틀(석회화는 깨지거나 뒤틀리지 않음)

석회화 풍경
터키어로 '목화의 성'을 뜻하는 '파묵칼레'는 관광 명소예요. 하늘색 물이 담긴 따뜻한 탄산칼슘 웅덩이는 고대 로마인들이 온천 도시를 만들 때 영감을 주기도 했지요. 파묵칼레는 유네스코 세계 문화 유산으로 지정됐어요.

석회화 암석
석회화는 물의 증발로 만들어지는 다공성 퇴적암이에요. 물이 증발하며 입자가 굵은 돌에 울퉁불퉁한 모양과 구멍을 잔뜩 만들었어요.

모노호
미국 캘리포니아주의 모노호는 매년 최대 200만 마리의 새들이 쉬며 먹이를 먹는 곳이에요. 하지만 모노호가 놀라운 이유는 또 있어요. 100만 년이 넘는 시간 동안 염분과 광물이 호수로 흘러들어 온 뒤 민물이 증발하며 만들어졌지요. 수위가 내려가며 뾰족뾰족한 석회화 봉우리들이 이루는 장관이 모습을 드러냈어요.

암석 그물
민물이 갑자기 증발하면 섬유 모양의 석회화가 탄생해요. 표면을 확대한 사진을 보면 유기물질이 분해되며 남긴 여러 구멍을 확인할 수 있어요.

석회화 우물
1630년 영국 요크셔주 마더 쉽튼의 동굴 근처에 자리한 '석회화 우물'이 대중에게 공개됐어요. 우물 근처에서 침전된 석회화는 곰 인형과 같은 물건도 돌로 변하게 한답니다.

콜로세움 석조
로마인들은 광산에서 채굴한 석회화를 로마로 옮기기 위해 현대의 티볼리지방인 티부르에서부터 20킬로미터 길이의 도로를 만들었어요. 주 기둥과 바닥, 외벽에 석회화를 사용한 콜로세움은 서기 80년에 문을 열었지요.

암염

염화소듐

인체를 건조해 미라로 만들 때, 음식을 오랫동안 보관하거나 맛있게 하고 싶을 때, 도로의 미끄러운 얼음을 제거하고 싶을 때 암염을 사용해요. 암염은 바다나 호수의 소금물이 증발하며 생겨요. 땅에서 캐낼 수도 있지요. 암염은 건강을 지키는 데도 아주 유용하답니다.

암석 종류: 퇴적암, 해양 암석, 증발암

산지: 바닷물이나 호수의 물이 증발하는 매우 건조한 지역, 오래된 암석이 묻힌 저지대나 지하

주요 광물: 암염

색: 무색, 순수한 형태일 때 흰색, 노란색이나 회색, 검은색, 갈색, 붉은색

결정 형태: 입방정계 결정이 맞물린 덩어리, 가끔 알갱이나 8면체 결정 형태

입자 조직: 조립 결정질

풍화 저항성: 물에 녹음

쓰임새: 요리용 소금, 비누, 도자기 유약, 법랑질, 베이킹소다, 가성 소다, 제설용 소금, 물의 연화제

암염 표본

파란색 내포물이 있는 암염

히말라야 분홍 암염

결정질

암염은 아름다운 등각(입방정계) 결정을 만들어요. 순수한 형태일 때는 흰색이거나 무색이에요.

암염

순수한 형태 그대로 채굴한 암염이에요. 고대 로마인들은 암염을 화폐로 사용했고 군인들은 임금의 일부를 소금으로 받았답니다. 암염은 결정질 구조를 이루고, 건조제로 사용할 수 있어요. 제조업에서 사용하거나 음식에 맛을 더하기 위해 첨가하지요.

우유니 소금사막

세계에서 가장 큰 소금사막이에요. 볼리비아 남서쪽에는 1만 580제곱킬로미터 넓이의 반짝이는 흰색 모래가 펼쳐져 있어요. 세계 리튬 매장량의 최대 70퍼센트가 이 사막 아래에 있을 만큼 리튬이 풍부해요.

석고

석고 퇴적암

암석 형태의 석고를 '아무도 모르는 암석'이라고 해요. 얼마나 널리 이용되는지 아는 사람이 드물기 때문이지요. 이 암석에서 빼낸 석고 광물은 건물을 위한 석고판을 만들거나 토양을 비옥하게 하고 부러진 팔다리를 보호하는 데 쓸 수 있어요. 음식에도 넣을 수 있지요. 이 정도면 석고에 대해 전부 알고 있는 셈이지요!

암석 종류: 퇴적암, 해양 암석, 증발 퇴적물

산지: 소금물 호수, 소금사막, 종종 사암이나 이암, 석회암이 함께 쌓인 매장층

주요 광물: 석고와 경석고, 적은 양의 방해석과 백운석, 점토 광물, 갈철석

색: 무색, 흰색, 갈색 계열

결정 형태: 곡선의 단순한 판상 결정, 집합체나 섬유질, 과립형 덩어리, 쌍결정 형태도 흔함

입자 조직: 거친 결정질

풍화 저항성: 강하지 않음

쓰임새: 종이나 직물의 충전재, 파리 소석고, 회반죽과 석고판, 시멘트 제작, 장식용 회반죽, 석고 붕대, 칠판용 분필

석고 표본

석고 결정

석고 암석

하얀 모래

사진 속 미국 뉴멕시코주의 드넓은 사막에는 순수한 흰색 석고로 이루어진 모래 언덕이 710제곱킬로미터의 거대한 지역을 가득 채워요.

사막의 장미

석고는 놀랍게도 장미 모양으로 결정을 이룰 수 있어요. 사막의 장미는 수천 년에 한 번 탄생하기 때문에 사막의 장미를 찾는 사람은 행운을 얻는다는 속설이 있지요.

석고

석고는 보통 석호에서 칼슘과 황산염이 풍부한 바닷물이 천천히 증발하며 형성된 층이나 두꺼운 바닥에서 발견되는 부드러운 암석이에요. 과립형 암석으로, 암염이나 경석고를 함유하곤 해요.

다양한 퇴적암

일부 퇴적암은 한때 살았던 생명체를 가득 품고 있어요. 수백만 년 전에 바다나 육지에서 살던 동식물의 화석이 여기에서 발견되거든요. 늪지대에서 죽은 식물이 토탄으로 변한 후 석탄으로 존재하기도 해요.

사암

데이지꽃 석고

사암

녹색 모래질 석회암

백악

백운석

빙퇴석

철광석

각력암

강하게 결합한 붉은 사암

충돌 석탄
운석이 충돌한 흔적을 보여 주는 석탄 조각이에요. 돌출된 곡선 표면은 충돌로 인해 충격파가 시작된 곳에서 구부러져 있어요.

석탄

유기질 퇴적암

석탄은 장신구, 증기기관차의 연료, 물을 깨끗하게 해주는 여과장치용 가루로 쓰여 왔어요. 지금껏 전기를 만들어 내고 있기도 하지요. 석탄은 유기물로 이루어졌기 때문에 광물이 아니에요. 썩은 나뭇잎이나 씨앗, 죽은 나무가 퇴적된 후 자연적인 압축과 가열 과정을 거쳐 토탄으로 변한 다음 부서지기 쉬운 검은 석탄이 된답니다.

고대의 석탄 숲
3억 2,500만 년 전에 한 숲에서 번성했던 키가 큰 나무 일부의 화석이에요. 석송의 한 종류인 스티그마리아 피코이데스의 뿌리지요.

암석 종류: 퇴적암, 화학물질
산지: 암석의 단층
주요 광물: 다양한 양의 역청과 점토 광물, 석영, 황철석, 방해석, 최고 등급의 석탄은 흑연을 함유
색: 검은색, 갈색, 회색
결정 형태: 맥상이나 자갈 형태, 단단하고 분명한 직각 괴상으로 부서짐
입자 조직: 밝은색의 단단한 괴상
풍화 저항성: 상당히 강함
쓰임새: 가정용 연료, 전기 생산, 강철 생산, 비누, 아스피린 진통제, 용제, 염료, 플라스틱, 인조견, 나일론, 물 여과장치, 윤활유와 방수제, 합성수지, 화장품, 샴푸, 치약용 실리콘 금속

석탄 표본

운석 충돌을 보여 주는 석탄

역청질 석탄

갈탄

역청질 석탄

석탄 경계층
석탄은 보통 습지에서 탄생해요. 습지에 고인 물속에 떨어진 식물 잔해는 산소 부족으로 오랜 시간 동안 부패하지 못하지요. 덕분에 오래된 암석과 신생 암석층 사이의 경계층에서 석탄이 발견되곤 한답니다.

무연탄
화석은 종류에 따라 함유한 탄소의 양이 달라요. 무연탄(오른쪽)은 탄소 함량이 92퍼센트 이상이에요. 역청질(유연탄)은 깊은 매장지나 산맥 형성 과정에서 높은 압력이 발생할 때 무연탄으로 변해요. 자연적으로 발생한 무연탄은 아주 반질반질하고 단단한 데다 밀도가 높아서 굉장히 천천히 타기 때문에 높은 열을 낼 수 있답니다.

화석연료

석탄은 선사시대 동식물의 유해로부터 생겨난 천연연료 중 하나예요. 이런 화석연료에는 석탄 외에도 석유와 천연가스가 있어요. 우리는 공장과 집에 동력을 공급하기 위해 화석연료를 태우곤 해요. 하지만 화석연료는 한 번 쓰면 두 번 다시 쓸 수 없어요. 과학자들은 석탄을 대체할 연료를 찾고 있답니다.

1940년대 석탄 광산
석탄은 보통 깊은 땅속에 있어요. 처음에는 광부들이 직접 캐냈지만, 지금은 현대식 장비를 사용하고 있지요. 그래도 석탄 채굴은 아주 위험한 작업이에요.

노천 광산
노천 광산은 표면 가까이에 있는 석탄 경계층이에요. 어떤 노천 광산은 방대한 지역을 아울러요. 시베리아에 있는 노천 광산에서는 석탄을 옮기기 위해 세계에서 가장 큰 이륜 덤프트럭을 사용한답니다.

석유 굴착 장치
원유와 천연가스는 수백만 년 동안 해저에 층을 형성한 엄청난 양의 미세한 플랑크톤이 진흙으로 덮이며 만들어져요. 해저에 구멍을 뚫은 뒤 석유 굴착 장치를 사용해 석유와 천연가스를 끌어올리지요.

끄덕이는 당나귀
육지에서 지표면으로 석유를 끌어 올릴 때 펌프잭을 사용해요. 끄덕이는 당나귀라는 별명으로 불리지요. 한 번 고개를 끄덕일 때마다 석유 40리터를 끌어올릴 수 있답니다.

땅속 매장지

석탄 매장지는 전 세계에 있지만, 역청질 석탄이나 갈탄이 존재할 만큼 순수하고 단단하며 탄소 함량이 87퍼센트 이상으로 높은 지역은 아주 드물어요. 경탄이라고도 하는 사진 속 무연탄은 세계에 매장된 석탄 중에서 겨우 1퍼센트만을 차지하고 있답니다. 미국 펜실베이니아주 북동부에 있는 한 지역에서는 유럽과 아메리카 대륙에서 사용하는 무연탄의 95퍼센트를 생산해요. 무연탄은 자연적으로 형성된 무연 연료인데 아주 천천히 타기 때문에 높은 열을 낼 수 있어요.

수석

퇴적 처트

고대는 수석의 시대였어요. 고대인들은 단단하고 날카로운 수석 조각으로 최고의 절단 도구와 무기를 만들었어요. 그들은 수석을 이용해 불을 붙이기 위한 불꽃을 피우기도 했어요. 이 암석은 다른 어떤 돌보다 비바람에 강하기 때문에 집을 지을 때 쓰이기도 해요.

인간은 300만 년 동안 수석을 사용해 도구와 무기를 만들었어요.

암석 종류: 퇴적암, 해양 암석
산지: 백악이 존재하는 장소, 백악 안에 층으로 쌓이기도 함
주요 광물: 석영이나 옥수
색: 검은색, 갈색, 녹색, 회색, 푸른 회색, 붉은색, 노란색, 흰색
결정 형태: 백악과 석회암 속 단괴와 덩어리
입자 조직: 미정질
풍화 저항성: 강함
쓰임새: 세라믹과 페인트 산업을 위한 숫돌, 건물 재료, 부싯돌, 도로용

수석 표본

수석 단괴

층상 수석

유리질 수석

수석 속의 성게 화석

풍화된 수석

암석질 강
수석은 일부 강바닥에 암석 지형을 만들어요. 미국 텍사스주 중앙을 가로질러 콜로라도강(위 사진)으로 흐르는 170킬로미터 길이의 페데르날레스강은 강바닥을 이룬 암석에서 이름을 따왔지요. 페데르날데스는 수석을 뜻하는 스페인어랍니다.

날카로운 유리
수석은 단단하지만, 유리질이나 진주광택을 띠는 얇은 판으로 쉽게 쪼개져요. 보통 모서리가 날카로운 곡선을 이루는 평면이 나타나요.

불붙이기
수석은 아주 단단해요. 철이나 강철을 수석으로 긁으면 철 입자가 떨어져 나와요. 이때 강도 높은 마찰로 인해 철 입자에 불이 붙지요. 사진의 라이터에서 나온 불꽃 역시 철에 붙은 불이에요.

해그스톤
자연적으로 구멍이 난 수석을 해그스톤이라고 해요. 많은 사람은 해그스톤의 구멍이 마녀와 질병, 악몽을 쫓아 준다고 믿었어요. 영혼을 보기 위해 구멍 안을 들여다보기도 했지요!

수석 화살촉
단단하고 날카로운 수석은 무기로 아주 유용해요. 미국 원주민들은 수석으로 화살촉을 비롯한 무기를 만들었지요.

이집트의 칼
고대 사람들은 끝이 예리한 수석을 절단 도구로 사용했어요. 사진은 고기를 잘라 요리를 하거나 몸을 감싸기 위해 사용할 동물 가죽을 다듬을 때 쓰인 고대 이집트의 수석 칼이에요.

1700년대 화승총
화승총은 1600년대부터 시작해 200년이 넘는 시간 동안 사용된 총이에요. 단단한 용수철이 수석을 때리며 발생한 불꽃으로 화약에 불을 붙이는 방식이지요. 그 결과 폭발이 일어나 총알이 총열을 통해 튀어나온답니다.

수석 137

변성암

변성암은 화성암이나 퇴적암이 산, 화산 등 지각 아래 깊은 곳에서 열을 받으면서 탄생해요. 이때 암석이 뒤틀리고 구부러지며 새로운 광물이 추가되기도 하지요. 대리암이나 점판암, 옥 등 자연이 '요리'한 새로운 암석은 지구 판의 움직임을 따라 표면으로 밀려 올라와요.

대리암

변성 석회암

대리암은 명예를 나타내는 암석이에요. 내부에서 빛이 나는 듯 보이기 때문에 고대 그리스와 로마에서 석상 재료로 널리 쓰였지요. 석회암에서 형성된 대리암은 약간 노르스름한 흰색을 띠지만 불순물이 섞이며 다양한 색조로 변하기도 해요. 조각을 할 수 있을 만큼 부드럽지만, 비바람에는 꽤 강하답니다.

색과 무늬

대리암은 색과 무늬가 아주 다양해요. 여러 대리암에서 보이는 소용돌이와 그물 무늬는 석회암에 있던 불순물 때문에 나타나요. 석영의 알갱이나 운모가 변성하는 동안 석회암에 있던 백운석과 반응하면 기존의 광물이 불안정해지면서 새로운 광물이 탄생하지요.

암석 종류: 변성암, 광역 변성암, 접촉 변성암
산지: 세계 전역의 산맥이 형성되는 장소
주요 광물: 방해석, 백운석, 석류석이나 활석, 각섬석, 휘석, 감람석, 규회석을 포함하기도 함
색: 흰색, 분홍색, 붉은색, 푸른 회색, 녹색, 갈색, 검은색
결정 형태: 종종 덩어리, 띠 구조를 이루거나 퇴적암 층리를 포함
입자 조직: 세립질부터 조립질
풍화 저항성: 강함
쓰임새: 조각품, 기념비, 바닥과 타일, 골재용으로 부수어 사용하거나 백색 도료, 화장품, 종이, 충전재, 유리창 접합제용으로 가루를 내어 사용

대리암 표본

회반 석류석 대리암

투휘석 대리암

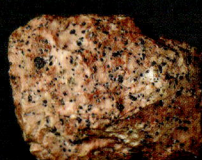

녹색 층상 대리암

엽리상 대리암

금운모 당상 대리암

녹색과 흰색의 대리암

콜로라도주 마블시

미국 콜로라도주의 도시 마블의 이름은 1905년부터 1941년까지 운영한 '성탄절 대리암 채석장'에서 유래했어요. 대리암을 영어로 마블이라고 부르거든요. 성탄절 대리암은 2004년에 콜로라도주를 대표하는 암석으로 지정됐어요.

타지마할

인도의 아그라시에 있는 이 하얀 대리암 왕릉만큼 놀라운 건축물도 없을 거예요. 일꾼 2만 명과 코끼리 1,000마리가 1631년부터 1648년까지 일해 지은 타지마할은 왕 샤 자한이 사랑했던 아내 뭄타즈 마할을 기억하기 위한 건물이에요. 일꾼들은 중국과 아프가니스탄, 스리랑카, 사우디아라비아와 같은 여러 나라에서 온 다양한 종류의 대리암을 사용했지요.

대리암 조각품

반투명하고 견고한 대리암은 조각품에 가장 널리 사용되는 재료일 거예요. 그리스의 예술가 페이디아스(기원전 490~430년경)부터 미켈란젤로(1475~1564년), 베르니니(1598~1680년), 로댕(1840~1917년)까지 위대한 조각가들은 모두 대리암을 선택했어요.

이탈리아 대리암
대리암은 수백 미터 두께로 만들어지곤 해서 대규모로 채굴해요. 사진은 채석지로 유명한 이탈리아 아푸안알프스의 카라라시예요.

키클라데스 제도의 조각
4,500년 전 그리스 해안 근처의 키클라데스 제도에서 만들어진 이 석상은 마치 현대 미술품 같아요. 얼굴에서 유일하게 조각한 것은 코뿐이에요.

천재의 작품
카라라의 채석장은 세계에서 가장 유명한 작품에 사용된 대리암의 고향이에요. 미켈란젤로가 1501~1504년 사이에 제작한 5.2미터 길이의 다비드 석상은 하나의 대리암 덩어리를 조각해 만들었어요.

링컨 기념비
1922년에 미국의 16대 대통령인 에이브러햄 링컨을 기리는 기념비가 공개됐어요. 5.8미터 높이의 이 석상은 조지아의 하얀 대리암 덩어리 28개를 조각해 만들었답니다.

다면 암석
대리암은 맞물린 방해석이나 백운석 결정 덩어리를 가진 과립형 암석이에요. 보통 아주 밝은색을 띠고 있어요. 순수한 형태일 때는 밝은 흰색이지요. 결정질 구조가 견고해서 광택이 흐르게 세공할 수 있어요.

자연의 불가사의

카테드랄 데 마르몰(대리암 대성당)은 거대한 여러 동굴 중 한 구역을 차지하고 있어요. 칠레와 아르헨티나의 경계에 자리한 이 동굴은 접근이 어려워요. 이곳은 물에 깎여 만들어진 푸른 동굴이에요. 남아메리카에서 가장 거대하고 깊은 민물 호수의 하늘색 물빛을 반사하지요. 지난 6,000년 동안 거대한 빙원과 근처 빙하에서 이동한 얼음물 속 토사가 반도형의 단단한 대리암에 환상적인 미로 모양을 조각했답니다.

편암

중온 변성암

편암은 점판암의 반짝이 사촌이에요. 진흙이나 점토에서 형성된 편암과 점판암은 모두 판상 광물층이 있어서 판 모양으로 쪼개지지요. 하지만 편암은 점판암(148~149쪽을 보세요)보다 높은 온도와 압력에서 만들어지기 때문에 결정이 더 크고 반짝인답니다.

맨해튼
미국 뉴욕시 맨해튼의 지반은 편암이에요. 이 지역에는 편암 외에도 다른 변성암이 있어요. 바로 이스트강 아래에 깔린 대리암과 브롱크스의 편마암 표층이랍니다.

편암 표본

담자색 석류석이 있는 흑운모 편암

각섬석 편암

석류석이 있는 은 편암

- **암석 종류:** 변성암, 광역 변성암
- **산지:** 세계 전역의 산맥이 형성되는 장소
- **주요 광물:** 백운모, 흑운모, 녹니석, 석영, 석류석이나 남정석, 십자석을 포함
- **색:** 은색, 회색, 녹색, 갈색, 푸른 회색, 검은색, 전체적으로 반짝임
- **결정 형태:** 밝은색과 어두운색이 번갈아 층상을 이루고 반짝임, 결정이 줄지어 가느다란 층을 이룸.
- **입자 조직:** 중립질
- **풍화 저항성:** 강함
- **쓰임새:** 장식용 석벽, 장신구, 건물, 벽난로, 테라스, 살충제, 상토 혼합용

십자석 편암
편암은 석류석과 남정석, 십자석과 같은 새로운 광물이 생겨나는 온도와 압력에서 만들어져요. 커다란 결정이 빛을 반사하며 반짝이지요.

혼성암
혼성암은 암석이 불완전하게 녹는 온도에서 나타나요. 최초로 녹는 광물은 석영과 장석이에요. 녹은 광물은 결정질을 이루며 이동하지요. 혼성암은 편마암과 편암에서 모두 생길 수 있어요.

풍경 속 편암
이 사진은 우크라이나 크리이우 리의 풍경이에요. 편암이 완벽한 층 구조를 이루며 기울어져 있지요. 편암은 분리되려는 특성이 있는데 이러한 특성을 편리라고 해요.

편마암

고온 변성암

편마암은 나이가 엄청나게 많은 암석이에요. 지구상에서 가장 오래된 편마암은 캐나다에서 발견된 39억 년 전 암석이지요. 편마암은 다른 변성암들과 달리 약한 면을 따라 나뉘지 않기 때문에 오랫동안 부서지지 않아요. 화성암이나 퇴적암, 심지어 이미 존재하는 변성암에서도 편마암이 생길 수 있어요.

암석 종류: 변성암, 광역 변성암
산지: 세계 전역, 특히 대륙지각이 아래쪽, 산맥 형성과 관련 있음
주요 광물: 밝은색 띠에는 장석과 석영, 짙은 색 띠에는 흑운모와 휘석, 각섬석 존재. 석류석과 십자석, 규선석을 포함하기도 함
색: 흰색, 붉은색, 분홍색, 갈색, 검은색
결정 형태: 과립형이며 어두운색과 밝은색 띠가 번갈아 발생하고 가끔 접힌 구조가 나타남
입자 조직: 조립질
풍화 저항성: 강함
쓰임새: 건물용 피복, 도로포장, 도로 건설

파라오의 틀

고대 이집트인들이 만든 견고한 석상이에요. 위풍당당하게 왕좌에 앉은 조각상은 기원전 2520~2494년경에 이집트를 지배한 파라오 카프레를 표현하지요. 게벨 엘 아스르에서 채굴한 섬록편마암으로 만든 조각상이에요. 게벨 엘 아스르는 가장 인기가 많은 변성암 3종류를 생산하는 이집트의 유일한 채석장이랍니다.

워싱턴 기념탑

1884년에 완공된 워싱턴 기념탑은 미국 워싱턴시의 내셔널 몰 안에 169미터 높이로 우뚝 서 있어요. 탑은 메릴랜드주의 푸른 편마암과 메인주의 화강암에 하얀 대리암을 덧댄 형태예요.

편마암 표본

분홍색 '눈 구조' 장석이 있는 편마암

몬테로사 편마암

반짝이는 암석

편마암은 압력으로 인해 암석이 접히며 광물이 분리돼 구불거리는 어둡고 밝은 띠 구조를 이루어요. 여기에 반짝반짝한 석영과 장석 덩어리가 들어 있지요.

짙은 암맥

영국해협의 건지섬에는 이카르트 편마암이라고 알려진 층상 지형이 있어요. 편마암이 생긴 뒤 파고 들어온 마그마 결정이 어두운색 띠를 만들었지요. 밝은색 편마암이 어두운색 띠와 대조를 이루어요.

규암

석영이 풍부한 변성암

규암은 너무 단단해서 말썽을 일으키곤 해요. 망치를 사용해 규암을 두드릴 때 특히 신경을 써야 한답니다. 장비를 망가트릴 수 있어서 건축에 사용하기도 힘들어요. 단단한 규암에는 석영 알갱이가 맞물린 무늬가 있어요.

암석 종류: 변성암, 광역 변성암, 접촉 변성암
산지: 산맥 형성 과정을 거친 지역의 심성암 근처에서 접촉 변성암으로 나타남
주요 광물: 주로 석영이고 가끔 장석과 운모, 적철석
색: 순백색, 분홍색, 회색
결정 형태: 덩어리, 기존의 사암 흔적이 남기도 함
입자 조직: 세립질부터 중립질
풍화 저항성: 강함
쓰임새: 벽돌을 비롯한 건물 재료, 장식용 돌, 골재용으로 부수어 사용, 방파제의 외장, 도로포장, 건물 외장, 철로 자갈, 상판, 석상, 기념비, 장신구

가장 단단한 암석

석영이 풍부한 사암에 압력과 열이 가해지면 다양한 형태의 결정이 생겨요. 이 맞물린 석영 알갱이는 지구상에서 가장 강한 암석으로 손꼽히는 규암이 되지요.

조각용 돌

규암은 고대 이집트에서 석상 재료로 인기 있는 돌이었어요. 파라오의 거대한 석상을 규암으로 만들어 신전 안에 우뚝 세워 두었지요. 사진의 규암 석상은 기원전 1850~1830년경에 만들어진 개인 소유의 조각상이에요.

황금 암석

황금은 예상치 못한 장소에서 나타나기도 해요. 규암이 그중 하나지요. 유리질 규암은 1톤당 1,980그램의 황금을 포함할 수 있답니다.

규암 표본

규암

띠 구조를 이룬 규암

수 절벽

미국 미네소타주 블루 마운즈 주립공원의 평원에 30미터 높이로 솟은 수 규암 절벽이에요. 절벽의 규암은 약 10억 년 전에 미네소타주 남서쪽에서 사우스다코타주 중앙까지 펼쳐졌던 규암 산악지대의 한 부분이에요. 지금은 사진처럼 일부 규암이 튀어나온 채 드러나 있지요.

섬전암

융해 규사

섬전암은 모래나 암석에 번개가 내리칠 때 만들어지기 때문에 '번개의 돌'이라고 불려요. 번개가 지면을 때리고 암석을 녹이면서 거칠거칠한 껍데기 안에 부드러운 유리질 돌을 남긴답니다. 안쪽에 갇힌 기체 방울은 수백만 년 전의 세상에 내해 알려 주기도 해요.

암석 종류: 변성암, 접촉 변성암
산지: 번개가 치는 사막과 암석 지대
주요 광물: 비결정성 이산화규소
색: 흰색부터 연회색, 반짝이는 검은색
결정 형태: 모래 섬전암은 유리질 내부와 모래질 외부 구조를 가진 관이나 중앙부터 가지가 뻗어 나가는 딱딱한 껍질 형태, 암석 섬전암은 암석이 녹는 표면에서 나타남
입자 조직: 유리질, 모래의 관 구조에서 융해되지 않은 석영 알갱이가 모래질 표면을 이루기도 함
풍화 저항성: 강함
쓰임새: 수집가의 수집물

섬전암 표본

딱딱한 껍질층이 있는 섬전암

중앙에 구멍이 난 유리질 섬전암

사막의 번개

섬전암은 대부분 사막 지역에서 모래가 녹으면서 탄생해요. 4,000도의 번갯불이 지면을 때리면서 녹는점이 1,700도인 모래를 융해시키지요.

텍타이트

텍타이트는 충돌과 열 때문에 만들어지는 유리 물질이에요. 커다란 운석이 지구와 충돌할 때 떨어진 위치에 있던 암석이 녹으며 탄생하지요. 녹은 암석은 공중으로 날아가며 빠르게 식어 유리질을 이루어요. 그래서 텍타이트는 보통 운석 충돌구와 같은 텍타이트 비산 지역(텍타이트가 많이 발견되는 지역)에서 발견할 수 있답니다.

섬전암

섬전암에는 딱딱한 껍질층이나 관 구조가 있어요. 번개가 지그재그 모양으로 지나간 흔적이 남곤 하지요.

점판암

엽리상 변성암

점판암은 세립질의 이암이나 셰일, 응회암에서 탄생해요. 변성 과정 동안 점판암의 판상 결정은 재배열되면서 자라 압력이 시작된 방향과 직각을 이뤄요. 그래서 쪼개짐 면이라고 하는 평행한 표면을 따라 정확하게 쪼개지는 특성이 있답니다.

암석 종류: 변성암, 광역 변성암
산지: 산맥 형성 과정에 형성된 지형
주요 광물: 녹니석, 흑운모, 백운모, 석영, 가끔 황철석
색: 검은색, 녹색, 붉은색, 갈색, 보라색
결정 형태: 부드럽고 잘 쪼개짐, 접촉 변성으로 얼룩이나 반점이 생길 수 있음
입자 조직: 아주 세립질
풍화 저항성: 강함
쓰임새: 바닥과 지붕, 도로포장, 책상 상판, 예전에는 전기용 패널과 배전상자에 사용(점판암은 우수한 전기 절연체임)

점판암

밀도 높은 세립질의 점판암은 반짝이는 운모가 있는데도 불구하고 상당히 탁해요. 사진은 물속에 침전된 화산재가 변성하며 만들어진 점판암이에요.

점판암 표본

붉은 점판암

연회색 점판암

황철석을 함유한 짙은 회색 점판암

점판암 산맥

서기 70년쯤 로마인들은 요새를 짓기 위해 영국 웨일스 북쪽의 란베리스 주변 산맥에서 점판암을 채굴했어요. 시간이 흘러 중세시대의 건축가들도 점판암을 사용해 성을 지었지요. 1870년대부터는 이 지역 전체에 산업용 광산이 번성하기 시작했어요.

변형 화석
강하게 변성한 퇴적암에는 화석이 남지 않아요. 변성 과정에서 화석이 완전히 파괴되기 때문이지요. 하지만 점판암은 그만큼 변성 과정이 격하지 않아 일부 화석이 살아남을 수 있어요. 점판암의 화석은 눌리고 찌그러지거나 늘어나 원래 모양을 완전히 벗어나기도 한답니다. 위 사진의 화석은 조금 눌리고 비틀렸지만, 삼엽충(오른쪽)의 모습을 유지하고 있어요.

교실의 점판암
점판암은 글씨를 쓰고 깨끗하게 지울 수 있어서 교실에서 사용하기 딱 좋은 도구였어요. 점판암 칠판은 19세기에 전 세계적으로 아주 인기를 누린 교구였답니다. 일부 국가에서는 지금도 써요.

광산 폐기물 탑
영국 웨일스 북부에 있는 블래노 페스티니오그 마을의 주택 뒤에 점판암 광산에서 나온 어마어마한 양의 폐기물이 쌓였어요. 세계에서 가장 큰 점판암 광산이 자리한 이곳에서는 19~20세기에 수만 톤의 점판암을 생산했답니다.

영화 촬영용 점판암
점판암은 전통적으로 영화 제작 산업에서 사용하는 도구였어요. 영화의 한 장면에 대한 정보를 담은 점판암 도구를 카메라 앞에서 들고 있으면 나중에 영화 편집자가 쉽게 장면을 확인할 수 있지요.

검은 점판암 지형

스페인 루고 지역의 비스케이만에 자리한 점판암 절벽에는 바람과 바닷물이 깎은 동굴과 묘지, 아치, 미술관이 있어요. 암석의 구멍과 굴뚝 모양 지형 사이로 들어온 바람의 휘파람 소리는 마치 거대한 오르간 소리 같아요. 오르도비스기 초기(4억 8,800만~4억 4,400만 년 전)로 거슬러 올라가는 플라야 데 아구아스 산타스 해변의 검고 울퉁불퉁한 점판암 지층은 높이가 30미터에 달하기도 해요. 유럽의 지붕용 천연 점판암의 약 90퍼센트가 스페인의 채석장에서 수출되고 있어요.

혼펠스

열 변성암

지각을 비집고 올라오는 마그마는 주변의 암석에 열을 전해요. 가열된 암석은 부드러워지면서 재결정을 이루고 새로운 광물로 자라기도 하지요. 이때 열이 좀 더 강한 곳에서는 무작위로 뻗어 나가며 맞물린 결정을 가진 세립질 암석이 만들어져요. 단단하고 꺼끌꺼끌한 혼펠스의 탄생이랍니다.

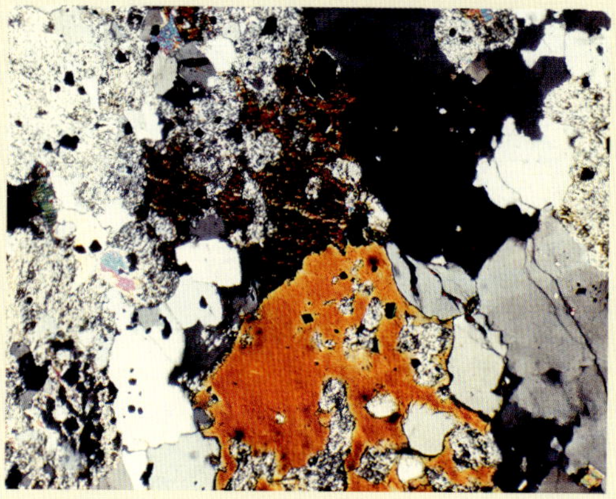

가까이 보기

현미경으로 보면 일정한 크기의 작은 알갱이가 모자이크 조각처럼 단단히 맞물린 혼펠스의 구조를 확인할 수 있어요. 높은 온도의 열을 받으며 생긴 구조지요. 혼펠스에서는 광물이 변하지만 새로운 층을 이루진 않아요.

암석 종류: 변성암, 접촉 변성암

산지: 관입암(암맥이나 암상, 저반) 근처나 높은 온도와 낮은 압력 환경에서 흐르는 용암 아래

주요 광물: 녹니석, 백운모, 흑운모, 석영, 셰일이나 점판암에서 형성되는 경우 근청석, 홍주석

색: 회색, 갈색, 검은색

결정 형태: 화성암 바로 옆의 띠 구조 지형

입자 조직: 세립질부터 조립질

풍화 저항성: 강함

쓰임새: 도로나 건설용 골재, 장식용 석재, 공예품, 기념비

혼펠스 표본

점무늬 혼펠스

기다란 홍주석 결정이 있는 혼펠스

규산질 혼펠스

근청석 혼펠스

줄무늬 절벽

일본 하기 근처에는 알록달록한 혼펠스 층이 해안가를 따라 뻗은 스사 절벽이 있어요. 검은색과 흰색, 회갈색 줄무늬가 이어진 절벽은 일본의 천연기념물로 지정됐지요. 일본 사람들은 줄무늬를 가진 스사 절벽을 다다미 바위라고 부른답니다. 일본의 전통 바닥인 다다미의 무늬와 비슷하거든요.

접촉 변성암
암석층 안의 틈을 따라 지각을 뚫고 나온 마그마는 식으면서 심성암으로 변해요. 이때 관입 위치에 있는 암석은 화성암이지만 마그마에 닿은 암석은 변성암이 될 수 있어요. 어두운색의 화성암은 휘록암이고 변성암은 혼펠스랍니다.

돌 연주자들
1890년, 미국 뉴저지에서 특별한 공연이 열렸어요. 영국 레이크지방에서 온 틸 가족이 훌륭한 음질과 울림을 자랑하는 혼펠스의 한 종류인 '스키도 돌'로 만든 실로폰을 연주했지요. 악기의 무게는 1.5톤이 넘을 정도로 아주 무거웠답니다.

뿔 암석
혼펠스라는 이름은 '뿔 암석'이라는 의미를 가진 독일어에서 유래했어요. 돌의 모서리가 동물의 뿔처럼 반투명하기 때문이지요. 단단하고 딱딱한 세립질의 혼펠스는 접촉 변성 과정에서 만들어져요. 재결정을 이루는 과정에서 질감도 변한답니다.

각섬암

변성 현무암

각섬암은 아주 단단한 암석 중 하나예요. 아무리 부드러운 퇴적물일지라도 탄성을 가진 편암과 편마암으로 바꿀 수 있는 압력과 열을 받아 탄생하기 때문이지요. 각섬암은 석회암보다 단단하고 화강암보다 무거워서 도로 건설이나 철도 자갈용으로 쓰기 좋은 암석이에요.

암석 종류: 변성암, 광역 변성암
산지: 산맥 지역, 판의 경계, 깊은 해양 지각
주요 광물: 주로 각섬석, 가끔 녹섬석과 사장석, 장석. 석류석이나 녹렴석을 포함하기도 함.
색: 회색, 검은색, 녹색
결정 형태: 각섬석으로 인해 반짝임이 있고 약한 엽리 구조, 가끔 짙은 띠와 밝은 띠가 반복되는 구조
입자 조직: 중립질부터 조립질
풍화 저항성: 강함
쓰임새: 도로 건설을 위한 골재, 철도 자갈, 건설, 도로포장, 건물 외장재, 상판, 장식품, 장신구, 구슬, 문진, 책꽂이

각섬암 표본

각섬암

연회색 각섬암

각섬석 편암 속 연녹색 녹렴석

치노프 동굴
1863년에 채석장 일꾼들이 발견한 치노프 동굴은 체코에서 최초로 공개된 동굴이에요. 사이사이에 채워진 각섬암의 어두운색이 소용돌이치는 대리암층의 밝은색을 눌러요. 두 종류의 암석이 벽에 둥근 '눈' 모양을 만들기도 해요. 가파른 통로는 41미터 깊이까지 이어져 있답니다.

얼룩덜룩한 돌
붉은 석류석이 가득한 각섬암이에요. 소금과 후추를 뿌린 듯한 겉모습은 사장석의 흰색과 각섬석의 검은색 때문이랍니다.

유휘암

변성 현무암

유휘암은 희귀하고 아름다운 적록색 암석이에요. 현무암과 화학조성이 같지만 아주 깊은 곳에서 만들어지기 때문에 포함된 광물의 밀도가 좀 더 높아요. 100킬로미터 깊이에서 만들어진 일부 유휘암은 다이아몬드를 품고 있기도 해요. 그만한 깊이에서 어떻게 지각 위로 올라왔을까요? 지질학자들도 아직 알아내지 못했답니다.

암석 종류: 변성암, 광역 변성암
산지: 섭입 지형 근처에서 현무암이나 킴벌라이트 관 속 포획암으로 지각 위로 올라옴
주요 광물: 석류석, 녹휘석, 다이아몬드나 남정석, 회렴석, 석영, 금홍석, 코사이트를 함유
색: 붉은색, 녹색
결정 형태: 혼합물 속 덩어리, 포획암, 편마암 속 띠 구조나 렌즈 구조
입자 조직: 중립질부터 조립질
풍화 저항성: 강함
쓰임새: 제방 건설, 장신구, 다이아몬드와 석류석을 비롯한 준보석을 얻기 위한 광물, 수집가의 수집품, 건물, 외장재, 상판, 도로포장, 골재

크리스마스 암석

유휘암은 밝은 녹색과 붉은색, 흰색 광물이 섞여 있어 '크리스마스 암석'이라고 불려요. 다른 어떤 암석보다 특별한 결정과 광물을 많이 함유하고 있지요. 보통 사진의 표본처럼 붉은 석류석이 풍부해요.

풍부한 광물

유휘암에는 녹휘석과 키린타인, 남정석, 로소나이트, 회렴석을 비롯한 여러 광물이 있어요. 다이아몬드를 함유한 유휘암은 가치가 아주 높지요.

붉은색과 황금색

수천 년 동안 사람들은 다양한 색의 석류석을 목걸이와 반지로 착용하며 힘과 지위를 과시했어요. 황금은 붉은 석류석의 반짝임을 돋보이게 만드는 금속이지요.

유휘암 표본

킴벌라이트 (199쪽을 보세요) 속 덩어리에서 나온 유휘암

유휘암

유휘암 광산

유휘암은 지표면으로 올라오는 경우가 드물어서 광산도 거의 없어요. 프랑스 루아르 협곡에는 1970년대부터 유휘암에 함유된 광물을 채굴하고 있는 라 쮀보디에흐 채석장이 있어요.

보석이 될 만큼 독특하고 아름다운 광물은 5,000개 중 오직 130개뿐이에요.
그중에서도 자주 쓰이는 건 50개 미만이지요. 특정 광물과 원소가 같은 장소에 모여

보석

보석 전시관

보석의 등급은 투명도와 색상, 연마도, 무게의 4가지 조건에 따라 매겨져요. 불순물이 섞이지 않은 투명한 결정은 빛을 잘 통과시켜 환하게 반짝거려요. 색이 선명한 보석은 인기가 아주 많지요. 보석 원석은 반짝임과 색을 끌어내는 세공 과정을 견딜 수 있을 만큼 단단해야 해요. 무게는 캐럿으로 측정한답니다.

흑옥

전기석 원석

수박 전기석

다이아몬드 원석
다이아몬드 원석은 그 자체로 수집가들이 선호하는 수집품이에요. 다이아몬드는 간단히 광택을 내서 팔 때보다 잘라서 세공하면 가치가 훨씬 줄어들어요.

연마한 아콰마린

다이아몬드

라브라도라이트

산호

홍수정

마노

일장석

클리브란다이트와 함께 자란 전기석

모암에 자란 루비 원석

석류석

단단한 규산염

석류석의 이름은 빨간 씨앗을 가진 '석류'에서 따왔어요. 하지만 석류석은 붉은색과 갈색, 심지어 녹색과 파란색까지 다양한 색을 띨 수 있답니다. 아름답고 매장량이 풍부한 데다 많은 세공을 하지 않아도 광택이 나요. 사람들은 석류석을 수천 년 동안 보석으로 사용해 왔지요.

석류석별 성운
케페우스자리의 거대한 먼지 성운 사진이에요. 태양에서 3,000광년 거리에 있는 이 성운은 지구에서도 볼 수 있는 아주 큰 성운이지요. 가장 위의 밝은 별은 케페우스자리 뮤, 또는 '석류석별'이라고 해요. 천문학자 윌리엄 허셜이 1783년에 지은 이름이랍니다. 별을 관찰한 허셜은 "아주 멋진 짙은 석류석 빛깔"이라고 기록했어요. 성운 역시 별과 같은 이름을 얻었지요.

종류: 규산염
색: 붉은색, 갈색, 검은색 계열, 밝은 녹색, 노란색, 파란색, 무색
굳기: 6.5~7.5
쪼개짐: 없음
깨짐: 아패각상, 불평탄
광택: 유리광택부터 수지광택
조흔색: 흰색
비중: 3.7~4.3
투명도: 투명부터 반투명
결정계: 입방정계
쓰임새: 장식용 보석, 사포, 연마용 가루와 알갱이, 물 분사 절단기, 광물 탐사를 위한 광물 지시자, 여과기

석류석
피처럼 짙은 붉은색의 석류석은 인기가 아주 많아요. 석류석의 종류는 20가지 이상이에요. 그중에서도 고반 석류석과 철반 석류석, 망반 석류석, 회반 석류석, 회철 석류석, 회크로뮴 석류석 6가지가 주로 보석으로 사용되지요.

노아의 방주
유대교의 근간인 《탈무드》에는 노아의 방주 돛대에 밤낮으로 빛을 밝히기 위해 석류석을 달았다고 적혀 있어요. 그 후로 사람들은 석류석이 여행자들을 보호해 준다고 생각했지요.

세공하지 않은 녹색 석류석

1967년 영국의 한 지질학자가 탄자니아 북동부에서 우연히 아름다운 녹색 조각을 함유한 암석을 발견했어요. 나중에 이 원석은 녹색 회반 석류석으로 밝혀졌지요. 이 녹색 석류식을 깎아 만든 보석을 차보라이트라고 해요. 케냐의 차보 국립공원을 기리기 위한 이름이지요.

시계의 움직임

18세기 초반부터 시계공들은 손목시계의 기계 운동을 위한 축받이로 천연 보석을 사용했어요. 보통 석류석과 루비, 사파이어가 쓰였지요. 20세기부터는 합성 사파이어를 생산하는 방법이 개발되었어요. 지금은 단단한 강옥에서 합성한 사파이어를 축받이용 보석으로 사용한답니다.

석류석 장신구

석류석으로 만든 장신구를 착용하면 부와 지혜, 명예, 영광을 얻을 수 있다고 해요. 사람들은 고대 시대부터 석류석 장신구를 달고 다녔지요. 독일의 오토 황제(912~973년)의 왕관에 들어간 석류석은 '지혜로운 자'라는 이름을 얻었어요.

석류석 표본

주황빛 갈색 석류석

헤소나이트 석류석

회철 석류석

회반 석류석

화강암이 석영 사이에 자란 스페사틴 석류석

석류석 원석

녹주석

규산염 광물

녹주석은 석영보다 단단하고 다양한 색으로 반짝여요. 흰색 녹주석은 고세나이트, 분홍색 녹주석은 미국의 유명한 보석 수집가인 존 피어폰트 모건의 이름을 따서 모가나이트라고 해요. 진한 주홍색을 띠는 붉은색 녹주석은 희귀해요. 에메랄드와 아코마린 역시 녹주석의 한 종류랍니다.

녹주석 표본

녹주석 원석

모가나이트 원석

쿠션 컷 모가나이트

녹주석 원석

세공한 붉은 녹주석(빅스바이트)

종류: 규산염
색: 담녹색부터 밝은 녹색, 노란색, 흰색
굳기: 7.5~8
쪼개짐: 불명료
깨짐: 불평탄부터 패각상, 취성
광택: 유리광택
조흔색: 흰색
비중: 2.6~2.8
결정계: 육방정계
쓰임새: 장신구, 컴퓨터, 베릴륨 합금, 탐지기, 레이저, 에어백, 제동장치, 해일 감지기, 전파 탐지기, 기상위성

금색 녹주석
금색 녹주석은 헬리오도르라고 불러요. '태양의 선물'을 의미하는 그리스어에서 유래했지요. 1914년 독일 황제 카이저 빌헬름 2세를 위해 만든 장신구로 유명해졌어요.

녹색 녹주석
아주 진한 녹색을 띤 녹주석만이 에메랄드(164~165쪽을 보세요)라고 불릴 수 있어요. 연한 녹색을 띤 녹주석은 그냥 녹색 녹주석이라고 부르지요.

분홍색 녹주석
분홍색 녹주석인 모가나이트는 20세기 초 미국 캘리포니아주의 팔라에서 처음으로 발견된 희귀한 보석이에요. 다이아몬드와 한 쌍으로 장신구를 이루며 많은 사랑을 받고 있지요.

1976년 마다가스카르에서 18미터 길이에 38만 킬로그램짜리 대형 녹주석이 발견됐어요.

녹주석 원석 모음
사진의 녹주석 광물은 황갈색부터 담녹색까지 다양한 색과 품종을 포함해요. 앞장에서 설명한 색 외에도 무색의 고세나이트와 산딸기 색을 띤 페조타이트 녹주석이 있어요. 희귀하고 진한 주홍색의 녹주석 빅스바이트는 미국 유타주에서만 나온답니다.

베릴륨

녹주석은 베릴륨의 원료예요. 베릴륨의 옛 이름인 '글루시늄'은 그리스어로 '달콤하다'라는 뜻이지요. 하지만 절대 맛을 확인하기 위해 먹지 마세요. 독성이 매우 강해서 몸이 아플 수 있거든요. 베릴륨은 녹는점이 높고 아주 강하면서도 가벼워요.

원소 베릴륨
사진의 회색 금속은 녹주석과 베르트랑다이트에서 추출한 원소예요. 베릴륨은 알루미늄의 3분의 1 정도로 가볍고 강철보다 6배 단단해서 아주 가치가 높은 금속이지요.

유럽우주기구의 기상위성
기상관측 체계에는 베릴륨으로 만든 광학 부품이 들어가요. 유럽우주기구의 위성과 같은 인공위성들이 날씨를 예측하고 변화를 추적할 수 있게 해주지요.

우주왕복선
베릴륨은 강하고 가벼운 데다 반사율까지 높아서 우주 탐사에 귀중한 자원으로 쓰여 왔어요. 우주왕복선과 화성 탐사 로봇, 카시니 궤도 선회 우주선, 허블 우주망원경에 사용됐답니다.

대피하세요!
베릴륨은 지진과 해일을 경고해 사람들을 해안 지역에서 제시간에 대피시킬 수 있게 도와주는 해저 감지 체계에서 중요한 역할을 해요. 베릴륨구리로 만든 덮개는 탐지기가 망가지지 않게 보호하지요. 사진은 2011년 동일본 대지진 당시 쓰나미로 파괴된 일본 센다이시의 모습이에요.

에메랄드

규산염 광물

에메랄드는 아름답고 특별한 진녹색을 지닌 덕분에 고대 시대부터 지금까지 많은 사랑을 받아 왔어요. 에메랄드는 대부분 아주 작은 광물 조각이나 액체, 기체를 포함한답니다. 이러한 내포물을 '정원'이라고 하는데 마치 녹색으로 에워싸인 식물 뿌리처럼 생겼기 때문이에요.

2011년, 배우 엘리자베스 테일러의 에메랄드 목걸이가 약 77억 원에 팔렸답니다.

- **종류**: 규산염
- **색**: 짙은 녹색
- **굳기**: 7.5~8
- **쪼개짐**: 불명료
- **깨짐**: 불평탄부터 패각상, 취성
- **광택**: 유리광택
- **조흔색**: 흰색
- **비중**: 2.6~3.0
- **결정계**: 육방정계
- **쓰임새**: 장신구

에메랄드 표본

모암 속 에메랄드 원석

각기둥 모양의 에메랄드 결정

모암 속 막대 모양의 밝은 녹색 에메랄드

클레오파트라

이집트의 동쪽 사막에 자리한 와디 시카이트 협곡은 기원전 1세기부터 운영한 최초의 에메랄드 광산으로 알려져 있어요. 그중 가장 아름다운 에메랄드 수집품을 여왕 클레오파트라(기원전 69~30년)가 소유했다고 전해진답니다. 하지만 사실 클레오파트라가 착용했던 보석은 대부분 페리도트(41쪽을 보세요)였어요.

가장 희귀한 보석

불순물이 없는 에메랄드는 굉장히 희귀해서 다이아몬드보다 가치가 높아요. 그래서 세공 과정에서 에메랄드를 최소한으로 깎아내기 위해 계단식으로 보석을 다듬는 에메랄드 컷 세공법이 개발됐답니다. 보통은 직사각형이지만 사진처럼 팔각형으로 세공하기도 해요. 에메랄드 컷은 다이아몬드(196~197쪽을 보세요)에도 자주 사용해요.

에메랄드 설화

에메랄드라는 이름은 산스크리트어로 '성장하는 녹색 돌'이라는 단어에서 유래했다고 해요. 사람들은 에메랄드가 간질을 예방하고 이질을 치료한다고 믿었어요. 혀 밑에 넣으면 미래를 볼 수 있다는 이야기도 있지요.

난파선의 보물

16세기 스페인의 정복자들은 남아메리카 대륙 원주민들의 에메랄드 장신구를 보고, 이 에메랄드를 유럽과 아시아에 판매하기 시작했지요. 사진의 에메랄드 브로치는 1656년 바하마 근처에 가라앉은 스페인의 배에서 발견됐어요.

원석 속 에메랄드

에메랄드 결정은 끝부분이 납작한 긴 팔각형 각기둥 형태로 발견되곤 해요. 단단하긴 하지만 표면까지 쪼개져 있거나 불순물이 있어 다듬기가 어려운 경우가 많답니다.

케찰

아즈텍 사람들은 케찰이라는 새의 녹색 깃털을 닮았다는 의미를 담아 에메랄드를 케찰리즐리라고 불렀어요. 케찰은 계절의 부활을 상징했지요.

합성 에메랄드

합성 보석은 1800년대 후반부터 산업용으로 만들어지기 시작했어요. 지금은 실험실에서 만든 에메랄드도 진짜 보석과 구별하기가 어려운 경우가 많아요. 그래서 합성 에메랄드를 판매하기 위해서는 아주 엄격한 규칙을 지켜야 한답니다.

녹색 부처님

장식물은 종종 잘못된 이름으로 불리곤 해요. 에메랄드 불상 역시 예외는 아니랍니다. 이름과는 달리 이 불상은 옥(202~203쪽을 보세요)을 조각해 만들었어요.

보석 발견

1998년, 지질학자 빌 벤지노프스키는 캐나다 유콘주의 리갈 능선에서 엄청난 발견을 해냈어요. 그가 찾은 것은 캐나다 최초의 에메랄드 매장지였지요. 이 에메랄드 매장지는 이후 발견된 몇몇 광맥들의 일부분으로, 광맥은 짙은 색의 고운 전기석 결정 덩어리로 둘러싸여 있었어요. 최대 4센티미터 길이로 자란 녹색 녹주석 결정도 발견됐답니다. 사진의 에메랄드 원석을 포함해 여기에서 발견된 큰 결정 조각들은 보석이 될 만큼 품질이 뛰어났어요. 발견 당시에 에메랄드는 탁한 갈색으로 보였지만 햇빛을 받자 녹색 형광빛을 냈지요.

아콰마린

규산염 광물

청록색을 띠는 아콰마린의 이름은 라틴어로 '물'과 '바다'를 뜻하는 단어에서 유래했어요. 에메랄드와 아콰마린은 모두 녹주석이지만, 에메랄드와 달리 아콰마린은 내포물이 전혀 없어요. 그래서 유리와 성질이 비슷하답니다.

아콰마린 표본

아콰마린 원석

아콰마린 원석

조장석에 자란 아콰마린 결정

모암에 자란 아콰마린 결정

모암에 자란 큰 아콰마린

종류: 규산염
색: 투명, 파란색, 녹색이 도는 파란색, 청록색
굳기: 7.5~8
쪼개짐: 불명료
깨짐: 불평탄부터 패각상, 취성
광택: 유리광택
조흔색: 흰색
비중: 2.6~2.8
투명도: 투명부터 반투명
결정계: 육방정계
쓰임새: 장식용 보석

무게의 가치

아콰마린은 파란색과 청록색이 있어요. 가장 값비싼 색은 짙은 파란색이에요. 현재 거래되는 대부분의 아콰마린은 좀 더 깨끗한 파란색으로 만들기 위해 열처리 과정을 거치지요. 귀한 원석은 캐럿 단위로 무게를 재는데 사진의 아콰마린 팔각형은 56.88캐럿이에요. 무게가 11.34그램이라는 뜻이랍니다.

망망대해

아콰마린은 선원들이 안전하게 집으로 돌아올 수 있도록 보호한다고 알려진 보석이에요. 로마인들은 아콰마린이 바다의 신 넵투누스의 축복을 받았다고 생각했어요. 노래로 선원들을 꾀어내 배가 암석에 부딪히게 했던 사이렌이 보석 상자에서 아콰마린을 떨어트렸고 넵투누스가 그 보석을 찾았다고 해요.

1980년에 브라질의 **미나스제라이스** 광산에서 나온 아주 큰 **세공 아콰마린**은 무게가 거의 **2.3킬로그램**에 달했어요.

아콰마린 원석
거대한 아콰마린 결정은 암석이 느리게 식으며 탄생해요. 무색과 투명한 녹주석 결정 안에 함유된 아주 적은 양의 철에 따라 색이 변하지요.

수정 렌즈
로마의 네로 황제는 아콰마린으로 만든 외알 안경을 썼다고 해요. 처음 안경을 만들기 시작했을 때 독일 사람들은 아콰마린 조각을 렌즈로 사용해 근시를 교정했어요. 독일어로 '안경'을 뜻하는 단어는 녹주석의 영어 이름인 '베릴'에서 유래한 '브릴레'랍니다.

암석 속 결정
아콰마린 결정은 각각 6면을 가진 완벽한 육각형으로 발견되곤 해요. 하지만 짧고 뭉뚝한 결정이 모인 형태로 발달하기도 하지요. 황옥(188~189쪽을 보세요)과 함께 발견되는 경우도 많습니다.

영롱한 펜던트
1867년에 아콰마린과 사파이어, 진주, 황금으로 만든 아름다운 펜던트예요. 보석 산업이 한창 발달했던 시기에 영국에서 만들어진 이 펜던트는 벼락부자가 계속 탄생하던 당시의 부유함을 보여 줍니다.

전기석

붕규산염 광물

전기석은 엘바이트와 숄, 드라바이트를 포함한 여러 광물이 섞인 보석이에요. 풍화 과정을 거친 단단한 전기석 원석은 강 속에서 발견되곤 해요. 어느 원석보다 다양한 색으로 존재하는 광물이기도 하지요. 전기석의 또 다른 이름인 '투르말린'은 스리랑카어로 '여러 색을 띤 암석'이라는 뜻이랍니다.

전기석 표본

수박 전기석 원석

세공한 수박 전기석

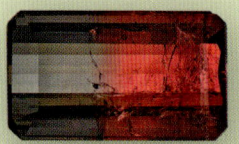
드라바이트 전기석

녹색 전기석 결정

검은색 전기석 결정

종류: 규산염
색: 검은색, 갈색, 가끔 회색이나 노란색, 파란색, 녹색, 붉은색, 분홍색, 무색, 흰색, 색이 여러 구획으로 나뉘기도 함
굳기: 7~7.5
쪼개짐: 불명료
깨짐: 불평탄부터 패각상, 취성
광택: 유리광택부터 수지광택
조흔색: 흰색
비중: 2.9~3.2
투명도: 투명부터 불투명
결정계: 삼방정계, 육방정계
쓰임새: 장식용 보석, 작은 조각상, 고압 측정기

세공한 노란색 전기석
둥근 브릴리언트 컷으로 세공한 연노란색 전기석이에요. 아주 적은 양의 타이타늄과 많은 양의 망간이 들어 있는 전기석은 선명한 노란색을 띠어요. 전기석 중에서도 밝은 노란색 전기석은 보석으로서 가치가 가장 높답니다.

무지개 암석
고대 이집트인들은 전기석을 '무지개 암석'이라고 불렀어요. 이집트인들은 전기석이 무지개가 가진 모든 색을 담아 지구로 왔다고 믿었답니다. 전기석은 어떤 보석보다도 색이 다양하니 그렇게 믿을 만도 하지요.

엘비스와 닉 박사
가수 엘비스 프레슬리는 자신의 친구이자 주치의였던 조지 니코폴로스에게 이 반지를 주었어요. 녹색 전기석과 다이아몬드가 박힌 반지는 조지의 셔츠와 잘 어울렸어요. 두 사람은 '왕과 닉 박사'라는 별명으로 불렸어요.

투르말린 선앵글
투르말린 선앵글은 몸길이가 10센티미터 남짓한 작은 벌새예요. 콜롬비아와 에콰도르의 숲에 살지요. 선명하게 반짝이는 녹색과 흰색과 검은색, 황동색이 어우러진 깃털 색에서 이름이 유래했어요.

초전기
전기석을 가열하면 전위가 발생해요. 열은 결정 내부에 있는 일부 원자의 위치를 바꿔서 전압을 만들지요. 독일의 프란츠 애피누스는 1759년에 〈전기와 지성 이론〉이라는 논문에서 이러한 특성을 처음으로 기록했답니다.

서태후
만주족 예허나라씨 출신의 서태후(1835~1908년)는 47년 동안 청나라에서 세력이 막강했어요. 서태후는 특히 붉은색과 분홍색을 사랑했기 때문에, 당시 미국 캘리포니아주에서 채굴한 붉은색과 분홍색 전기석은 대부분 중국으로 보내졌답니다. 장인들은 전기석을 깎아 담뱃갑과 장신구를 만들었어요.

원석
흰색 장석과 클리브랜다이트가 함께 자란 훌륭한 전기석 결정이에요. 전기석은 보통 화강암의 페그마타이트 암맥에 존재하지만 편마암과 편암, 석회암, 백운암 안에서도 흔하게 발견된답니다.

전기석 **171**

보석 품질의 전기석

석영 속에 박힌 길쭉한 녹색 전기석 결정이에요. 전기석은 특히 뜨거운 유체(액체와 기체)에 의해 변형된 화강암이나 페그마타이트, 그리고 이들과 가까이 있는 다른 암석에서 자주 나와요. 지금은 브라질과 아프리카에서 전기석을 주로 채굴하지요. 1821년 10월에 엘리야 햄린과 에스겔 홈스라는 두 명의 등반가는 미국에서 처음으로 전기석을 발견했어요. 시간이 흘러 햄린의 남동생 사이러스와 이후 에이브러햄 링컨 정부의 부대통령이 된 한니발이 그 근처에서 더 많은 녹색과 붉은색 전기석을 발견했답니다.

마노

띠가 있는 옥수

마노는 화성암 안쪽의 물이 가득 찬 공간으로 광물을 비롯한 불순물이 스며들면서 탄생해요. 그 결과 다양한 색이 원석 주위로 재미있는 무늬를 만들지요. 마노는 2만여 년 전부터 장신구로 처음 쓰여 왔답니다.

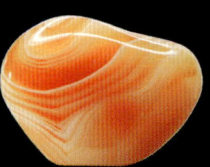

마노 표본

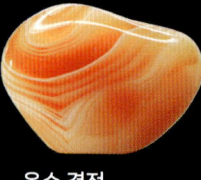

옥수 결정

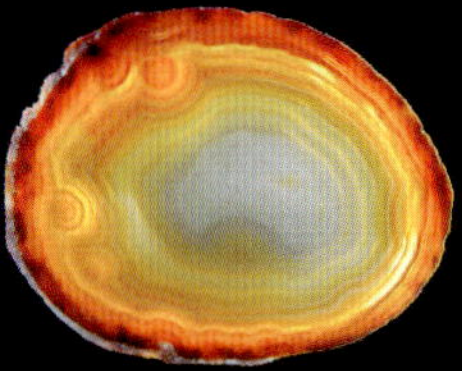

종류: 규산염

색: 무색, 흰색, 노란색, 회색, 갈색, 파란색, 붉은색, 띠 구조

굳기: 6.5~7

쪼개짐: 없음

깨짐: 패각상

광택: 밀랍광택부터 유리광택

조흔색: 흰색

비중: 2.4~2.7

투명도: 투명부터 불투명

결정계: 삼방정계, 육방정계

쓰임새: 장식품, 장신구, 양각으로 조각한 장신구, 동물 조각, 책꽂이, 석상, 작은 조각상

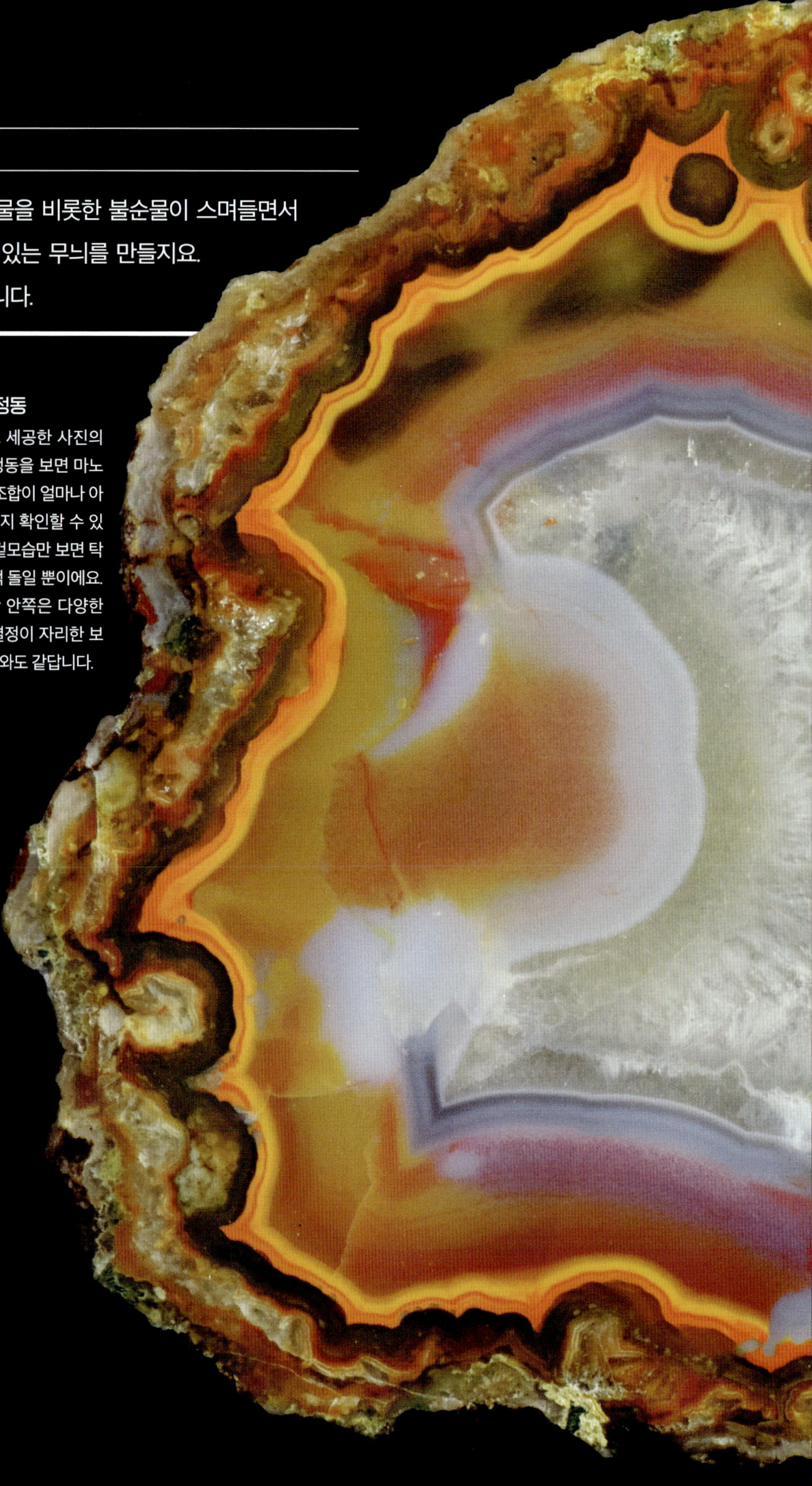

마노 정동

자르고 세공한 사진의 마노 정동을 보면 마노의 색 조합이 얼마나 아름다운지 확인할 수 있어요. 겉모습만 보면 탁한 갈색 돌일 뿐이에요. 하지만 안쪽은 다양한 색의 결정이 자리한 보물창고와도 같답니다.

주황색 마노의 단면

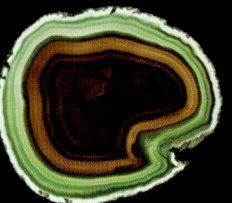

녹색과 갈색 마노의 단면

파란색 레이스 마노

미국 애리조나주의 마노 다리

홍수로 불어난 물이 마노로 변한 통나무 아래와 그 주변에 있던 사암을 실어 나르며 도랑 위에 다리를 만들었어요. 약 2억 2,500만 년 전에 이 지역으로 휩쓸려온 큰 통나무는 진흙과 토사, 화산재의 혼합물 아래에 파묻혔어요. 그 후 이산화규소 성분이 나무의 목질을 대체하며 통나무 모양의 거대한 석영 덩어리를 만들었답니다.

마노 정동 단면

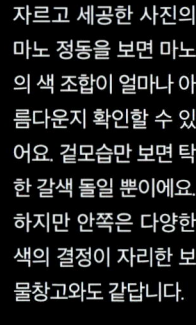

마노 찾기
마노는 다양한 종류의 암석에서 발견할 수 있어요. 하지만 주로 오래된 용암에서 만들어지기 때문에 변성암에 있는 경우가 많지요. 마노는 보통 움푹 꺼진 구멍 안에서 자라나요.

치료하는 마노
옛날 사람들은 마노가 갈증을 해소하고 열을 내린다고 믿었어요. 페르시아인들은 마노를 사용해 내풍의 방향을 바꾸었고 브라질 부족들은 전갈의 독침과 독뱀에 물린 상처를 치료했답니다!

중국의 마노 꽃병
금나라(265~420년) 사람인 왕가는 자신의 책에 마노를 유령의 피로 만든 돌이라고 적었어요. 이러한 믿음과는 별개로 마노는 여러 세기 동안 많은 사랑을 받았고 다양한 장식물로 조각됐지요.

공룡 뼈 화석
사진은 공룡 뼈 화석의 단면이에요. 뼈 안의 공간에 석영의 일종인 옥수가 가득 찬 모습을 확인할 수 있어요. 투명하면서도 띠 모양의 무늬가 있는 옥수가 바로 마노랍니다. 이처럼 안에 마노가 자란 뼈를 공룡 뼈 마노나 공룡 뼈 보석 또는 보석 뼈라고 부르지요.

석영

이산화규소

규소 하나에 산소 둘. 바로 지구에서 가장 흔한 광물인 석영을 만드는 재료예요. 석영은 무색일 때 수정(179쪽을 보세요)이라고 불리지만 불순물이 스며들면서 새로운 색을 띠기도 해요. 보라색 자수정과 노란색 황수정, 갈색의 연수정이 탄생하는 이유지요.

석영 표본

사금석

모암 속 홍옥수

헬리오트로프 또는 혈석

종류: 규산염
색: 검은색, 또는 보라색부터 붉은색, 녹색, 노란색, 흰색, 무색까지 여러 색
굳기: 7
쪼개짐: 없음
깨짐: 패각상
광택: 유리광택
조흔색: 흰색
비중: 2.6
투명도: 투명부터 반투명
결정계: 육방정계, 삼방정계
쓰임새: 조각, 장신구, 건축용, 진동자, 정밀한 시계의 수정, 유리 제조, 모래 분사기, 규소 반도체

홍수정

홍수정이라고도 부르는 장미색 석영은 세계 곳곳에서 많은 양이 나와요. 하지만 완전히 투명하지 않은 경우가 많아서, 황옥이나 전기석과 같은 다른 보석의 분홍빛 원석보다는 인기가 없답니다.

자수정 결정

알프레드 보석

황금 안에 법랑질과 석영을 박아 넣어 만든 알프레드 보석에는 "알프레드의 요청으로 만들었다"라는 문구가 적혀 있어요. 알프레드는 899년 사망한 영국의 알프레드 대왕을 뜻해요. 1693년에 서머싯 지역에서 밭을 갈던 농부에 의해 발견됐지요.

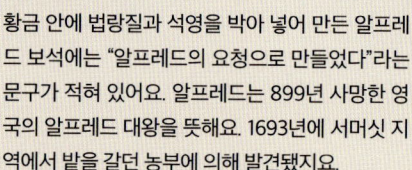

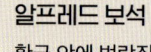

철 석영

> 지구상에 존재하는 모든 **모래 알갱이**의 약 **70퍼센트**가 풍화 작용으로 만들어진 **석영**이랍니다.

석영에 관련된 신화와 전설

오랜 시간 동안 사람들은 장신구나 부적, 의료용으로 쓸 수 있는 여러 종류의 돌에 관심을 가져 왔어요. 그러면서 돌에 관한 신화와 전설도 함께 생겨났지요. 돌의 생김새나 특성을 반영할 뿐만 아니라 내용이 상당히 기이한 전설도 있답니다!

옥수
옥수는 로마에서 사냥의 신 '디아나'를 상징했어요. 사람들은 디아나를 위한 제사를 지낼 때 옥수를 제단 위에 올려놓거나 장신구로 착용했지요. 로마인들은 옥수가 논쟁에서 승리를 불러온다고 믿기도 했답니다.

호안석
호안석은 만물을 꿰뚫어 본다고 알려진 돌이에요. 로마 군인들은 전투에서 호안석을 착용하면 적의 공격을 피하고 용기를 얻을 수 있다고 믿었어요.

녹색 벽옥
4세기에 쓰인 시 〈리티카〉에서 작가는 녹색 벽옥을 착용하면 메마른 땅에 비를 불러올 수 있다고 주장했어요. 악한 영혼을 쫓아낸다고 믿기도 했지요.

연수정
점쟁이들은 점술에서 신체 기능을 조절하고 통증을 없애기 위해 '힘의 돌'이라고 알려진 연수정을 사용하곤 했어요. 연수정과 석영은 모두 점쟁이들이 사용하던 수정 구슬의 재료였답니다.

홍수정
'사랑의 돌'이라고 하는 홍수정은 상심한 마음을 치료하는 힘이 있다고 해요. 사랑과 온기, 연민을 담은 돌이라고도 하지요.

수정
무색에 불순물이 없는 순수한 석영을 수정이라고 해요. 불에 약하긴 하지만 투명하거나 반투명해서 모조 다이아몬드로 쓰이기도 해요.

특별한 석영

석영은 지각에 가장 풍부한 광물로 색과 형태가 아주 다양해요. 그중 몇 가지는 아주 창의적인 이름을 갖고 있지요. 예를 들어 결정 안에 유령 모양의 내포물이 나타나는 석영은 유령 석영, 커다란 결정에 뾰족뾰족한 작은 결정 층이 웃자란 석영은 선인장 석영이에요. 별 석영은 세공했을 때 6방향으로 돋아난 별 모양이 돋보이는 석영이지요. 미국 뉴욕주 중앙의 모호크 협곡에서 발견된 하키마 다이아몬드는 유난히 투명한 석영이랍니다.

자수정

유리질 석영

고대 로마의 황제와 정치가, 승리를 거둔 장군들은 보라색 겉옷을 입거나 보라색 장신구를 착용했어요. 다른 왕국의 많은 왕과 왕비들도 마찬가지로 보라색을 사랑했지요. 보라색은 높은 지위를 상징했기 때문이에요. 덕분에 보라색 자수정은 '신의 보석'이라고 불렸지요. 사람들은 아름다운 자수정으로 장식한 장신구를 널리 사용했어요.

종류: 규산염
색: 거의 흰색부터 진한 자주색, 연보라색, 보라색, 연한 적자색
굳기: 7
쪼개짐: 없음
깨짐: 패각상
광택: 유리광택
조흔색: 흰색
비중: 2.7
투명도: 투명부터 불투명
결정계: 육방정계, 삼방정계
쓰임새: 장신구, 장식품, 카보숑, 수집가의 수집품

자수정 표본
자수정 결정

자수정 결정

자수정 정동의 단면

자수정 정동

자수정 정동의 단면

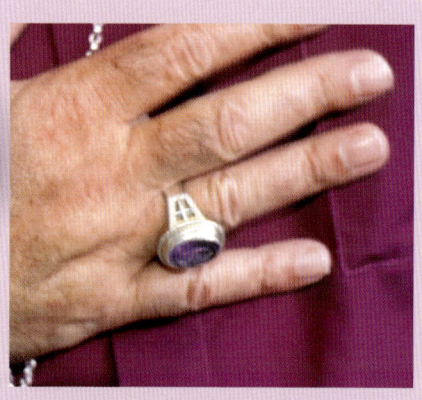
주교의 반지
고대 시대부터 보라색은 지도자나 고위층을 상징하는 색이었어요. 주교는 보라색 예복을 입고 자수정이 박힌 반지를 꼈죠. 사람들은 교회의 대표자에 대한 존경의 표시로 반지에 입을 맞추지요.

디오니소스
그리스 신화 속 술의 신 디오니소스는 어느 날 화가 나서 자신의 앞을 처음으로 지나가는 사람에게 복수하겠다고 맹세했어요. 아메티스토스라는 이름의 무고한 어린 소녀가 그 길을 지나가자 사냥과 달의 신 아르테미스가 아이를 지키기 위해 하얀 수정으로 변신시켰어요. 자신의 행동을 후회한 디오니소스가 포도주를 부어 수정을 아름다운 보라색으로 물들였답니다.

세공 자수정

자수정 결정은 색이 일정하지 않기 때문에 최대한 색을 지키기 위해 원형이나 타원형(오른쪽)의 브릴리언트 컷으로 세공하곤 해요. 저품질의 자수정은 색을 진하게 만들기 위해 열을 가할 때도 있어요. 명품으로 사용되는 자수정과 대략 퍼매옥 일반 자수정은 아주 비슷이입니다.

자수정 정동

자수정은 각뿔 모양의 결정으로 자라는 동안 스며든 철과 망간 불순물 때문에 보라색을 띠어요. 보통은 투명하지만, 반투명하거나 불투명한 자수정도 있지요. 보라색 대신에 흰색이나 회색 구획이 섞일 때도 있어요.

> 세계에서 **가장 큰 자수정** 정동은 길이가 **3.3미터**인 **'우루과이의 여제'**예요.

레오나르도 다빈치

르네상스 시대에 자수정은 겸손과 정숙을 상징했어요. 위대한 예술가이자 발명가였던 레오나르도 다빈치(1452~1519년)는 이런 말을 남겼어요. "자수정은 못된 생각을 사라지게 하고 지적 능력을 활발하게 한다." 다빈치는 보랏빛 아래에서 명상하면 그 힘이 10배로 증가한다고도 믿었지요.

세계에서 **가장 큰** 황수정 세공품은 **2만 200캐럿**(4킬로그램) '말라가'예요.

황수정 표본

둥글게 깎인 황수정

황수정 결정

황수정 원석

황수정 정동 단면

황수정 정동 단면

아메트린
팔각형으로 세공된 이 아름다운 보석은 특이하게도 자수정과 황수정이 섞였어요. 이런 보석을 '아메트린'이라 부르지요. 자연적으로 발생한 모든 아메트린은 볼리비아 남동부에 있는 아나히 광산에서 채굴되기 때문에 '볼리비아나이트'라고도 한답니다. 이 광산은 1500년대 아요레오 부족의 공주 아나히가 돈 펠리페라는 이름의 스페인 정복자에게 결혼 지참금으로 넘겼다고 해요. 펠리페가 급히 도망가야 했을 때 아나히는 영원한 사랑의 상징으로 아메트린을 선물했답니다.

노란색 보석

황수정은 인기 있는 보석이라 펜던트에 들어가곤 해요. 황수정은 황옥(188~189쪽을 보세요)이나 노란 사파이어(192~193쪽을 보세요)와 같은 다른 노란색 보석과 헷갈리기 쉽답니다. 하지만 황옥이나 사파이어보다 훨씬 부드러워요.

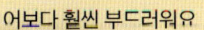

황수정

이산화규소

황수정은 말 그대로 노란색을 띤 석영이에요. 이 노란색은 아주 적은 양의 철이 불순물로 섞였기 때문이에요. 황수정은 희귀해서 여러 석영류 가운데 가치가 가장 높아요. 특히 황금빛으로 반짝이는 황수정은 아주 드물게 나오기 때문에 지금은 주로 열처리를 통해 인공적으로 만든답니다.

종류: 규산염
색: 노란색, 황갈색, 황금색, 짙은 호박색
굳기: 7
쪼개짐: 없음
깨짐: 패각상
광택: 유리광택
조흔색: 무색
비중: 2.7
투명도: 투명부터 거의 불투명
결정계: 육방정계, 삼방정계
쓰임새: 장신구, 장식품, 카보숑, 수집가의 수집품

천연 황수정
황수정은 세계 전역의 화성암이나 변성암, 특히 화강암과 편마암에서 발견할 수 있어요. 자수정과 나란히 발견되곤 하지만 자수정보다 훨씬 희귀해요. 대체로 정동 안에서 결정이 발견되고, 보통은 크기가 작은 편이지요.

노랑머리할미새
여름이 되면 수컷의 머리와 아랫배에 난 깃털이 황수정처럼 밝은 노란색으로 빛나요.

열처리
상업용 황수정은 대부분 열처리 과정을 거쳐요. 진한 주황색이나 약간 붉은 색조로 색을 선명하게 만들기 위해서지요.

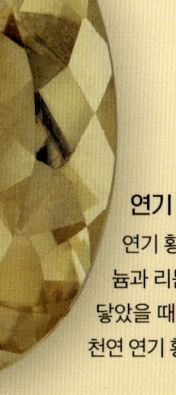

연기 황수정
연기 황수정의 노란색은 수정에 들어 있는 알루미늄과 리튬 덕분이에요. 두 원소의 비율에 따라 빛에 닿았을 때 결정이 연수정이나 황수정으로 변하지요. 천연 연기 황수정은 희귀한 편이에요.

오팔

수화 이산화규소

오팔은 아주 특별한 보석이에요. 안쪽에 있는 이산화규소가 평범한 결정이 아니라 아주 작은 구형 입자거든요. 입자가 빛을 산란시키며 단백광이라고 하는 다양한 색을 만들어 내고, 가열하면 색이 변하기도 한답니다. 그래서 쉽게 흠집이 나거나 깨지기도 해요.

오팔 표본

노란색 포치가 들어간 노블 오팔

허니 오팔

모암에 있는 오팔 원석

세공한 파이어 오팔

모암에 있는 오팔

종류: 규산염
색: 흰색, 노란색, 붉은색, 갈색, 파란색, 녹색, 검은색, 보통 연한 계열의 색
굳기: 5.5~6.5
쪼개짐: 없음
깨짐: 패각상
광택: 유리광택
조흔색: 흰색
비중: 1.8~2.3
투명도: 투명부터 반투명
결정계: 비결정성
쓰임새: 장신구, 장식품, 카보숑, 연마제, 절연 자재, 충전제, 도자기류

오팔 원석

오팔은 결정질 구조를 이루지 않고 화학조성도 분명하지 않기 때문에 광물이 아닌 준광물이에요. 이산화규소 용액에서 만들어지지요.

오팔 채석장

오스트레일리아 사우스오스트레일리아주에 자리한 쿠버페디 지역의 광산은 전 세계 오팔의 주요 생산지예요. 오팔은 사암과 철광석과 같은 퇴적암에서 채굴하는데 일부는 지면에서 20센티미터 아래에서 발견되기도 하지요.

포치

흰색이나 진한 노란색, 붉은색, 검은색을 띤 보통의 오팔을 포치라고 해요. 채굴되는 전체 오팔의 약 95퍼센트가 포치지요. 노블 오팔과 같은 색이 나타나지는 않지만, 상업적으로 가치가 있어요. 보석으로도 쓸 수 있답니다.

오스트레일리아는 연간 오팔 공급량의 **90퍼센트** 이상을 생산하는 주요 생산지예요. '**올림픽 오스트렐리스**'는 그중 **가장 크고 값비싼** 오팔이랍니다.

오팔 웅덩이
미국 와이오밍주의 옐로스톤 국립공원에 자리한 미드웨이 간헐천지대에는 오팔 웅덩이라고 불리는 뜨거운 온천이 있어요. 파란색과 갈색을 띤 오팔 웅덩이는 이 지역에서 가장 활발한 간헐천이에요. 56도의 뜨거운 물이 최대 24미터 높이로 솟아오른답니다.

노블 오팔
노블 오팔은 엄청나게 작은 이산화규소 구체가 방해를 받지 않은 채 자랄 수 있는 곳에서만 나오기 때문에 포시보나 훨씬 희귀해요. 노블 오팔의 95퍼센트 이상이 오스트레일리아에서 나오지요.

무지개색
오스트레일리아 원주민의 신화에 따르면 세상의 창조자는 무지개를 타고 지구에 왔다고 해요. 창조자의 발끝이 닿는 곳마다 온갖 색을 가진 돌이 자라났는데 그 돌이 바로 오팔이랍니다.

보석용 원석

오팔은 오스트레일리아를 대표하는 보석이라고 불릴 만해요. 귀중한 오팔 보석의 세계 공급량 중 90퍼센트 이상을 오스트레일리아에서 생산하기 때문이지요. 오스트레일리아의 오팔이 탄생한 환경은 아주 독특하답니다. 우선 1억에서 9,700만 년 전, 오스트레일리아 대륙의 60퍼센트를 덮고 있던 에로망가해가 후퇴하기 시작했어요. 오스트레일리아 중앙의 지형이 건조해지면서 산성에 의한 풍화가 일어나 이산화규소가 방출됐지요. 그 후 산성도가 줄어들면서 오팔이 만들어졌어요. 화성 표면에서도 이와 비슷한 환경을 관찰할 수 있답니다.

황옥

규산염 광물

황옥은 수 세기 동안 많은 사람을 헷갈리게 했어요. 약 200여 년 전까지도 모든 노란색 원석을 황옥이라고 불렀지만, 사실 그중 일부는 석영이나 녹주석, 감람석, 사파이어였지요. 게다가 황옥 중에서도 노란색이 아닌 경우가 있어요. 황옥은 노란색부터 파란색, 자주색까지 온갖 색으로 존재할 수 있답니다. 지금은 황옥에 인공적으로 색을 입히는 경우가 많아요.

황옥 표본

석영 위에 자란 황옥

타원형으로 세공한 파란색 황옥

갈색 황옥 원석

파란색 황옥 원석

황옥 결정

종류: 규산염
색: 무색, 지푸라기 색, 연한 파란색, 담녹색, 분홍색, 갈색
굳기: 8
쪼개짐: 완전, 저면
깨짐: 아패각상부터 불평탄
광택: 유리광택
조흔색: 없음
비중: 3.4~3.6
투명도: 투명부터 반투명
결정계: 사방정계
쓰임새: 장신구, 카보숑, 연마제, 숫돌, 연마 도구

보석 황옥

황옥은 아주 거대하게 자랄 수 있어요. 사각형으로 세공한 사진의 주황색 황옥은 6.10캐럿(1.22그램)이에요. 세계에서 가장 큰 노란 황옥 세공품인 '아메리칸 골든 토파즈'는 172면체예요. 무게는 놀랍게도 2만 2,892.50캐럿(4.58킬로그램)이랍니다.

광물 황옥

황옥은 세계 전역의 산맥 지형에서 나타나요. 화강암이나 유문암, 페그마타이트와 같은 화성암의 공간과 균열에서 결정이 자라지요. 브라질에서 아주 큰 결정을 발견할 수 있어요. 파란색 황옥은 러시아 우랄산맥에서 채굴한답니다.

태양의 색
일부 학자들은 황옥을 의미하는 영어 '토파즈'가 '불타다' 또는 '뜨겁다'는 뜻을 가진 산스크리트어 단어와 관련이 있다고 생각해요. 고대 이집트인들은 태양신 '라'의 황금빛이 황옥을 물들였다고 믿었답니다.

연금술사의 돌
중세 시대 연금술사들은 불가사의한 현자의 돌을 찾으면 어떤 물질이라도 황금으로 바꿀 수 있고 젊음을 되찾거나 생명을 창조할 수도 있다고 믿었어요. 연금술사들은 황옥 결정에서 나온 불꽃으로 생명을 창조하려 했지요.

1944년에 브라질에서 385톤짜리 황옥 결정이 발견됐어요.

임페리얼 황옥
가장 인기가 높고 희귀한 천연 황옥은 귀 황옥으로 알려진 '임페리얼 황옥'이에요. 분홍색과 복숭아색, 주황색을 띤 눈부신 원석이랍니다. 우랄산맥에서 황옥의 채굴에 대한 독점권을 주장했던 17세기 러시아의 황제를 기리기 위해 임페리얼이라는 이름이 붙었지요.

열처리 황옥
지금은 열처리를 통해 황옥에 색과 금속 산화물을 입히는 경우가 많아요. 대부분은 추가한 색을 표면에만 입히기 때문에 시간이 지나면 색이 약해질 수 있답니다.

다양한 보석

아주 크고 유명한 보석들은 저마다 엄청난 이야기를 품고 있어요. 많은 이가 이들을 탐냈고 또 그만큼 많은 손을 거쳤으며 이들을 두고 싸움과 도둑질이 난무했답니다. 깎고 다듬어진 후 이어진 보석의 삶에 관한 이야기는 보석의 탄생과 얽힌 모험담만큼이나 흥미로워요.

세공한 사파이어

파란색 황옥

주황색 황옥

석류석

석영에 자란 황옥 원석
대부분의 원석은 채굴했을 때 탁한 색을 띠어요. 예전에는 원석을 함께 문질러 표면을 부드럽게 만들었지만, 지금은 깎아 다듬는 방법을 사용하지요. 가끔 원석을 매끈하고 둥글게 만들기 위해 모래와 물을 함께 섞어 기계 안에서 굴리기도 해요.

연마한 오팔

다양한 보석 191

사파이어

푸른 강옥

사파이어는 자연에 드문 파란색 보석이에요. 강옥에 포함된 아주 적은 양의 철과 타이타늄 때문에 파란색을 띠지요. 고대 페르시아인들은 거대한 사파이어 위에 지구가 얹혀 있어 하늘이 파랗게 물든다고 믿었어요. 소량의 금홍석이 추가된 사파이어는 6각 별 모양으로 빛을 반사한답니다.

푸른 사파이어

사파이어는 '푸른 강옥'이라는 원래 이름보다 훨씬 이국적으로 들려요. 사파이어는 안에 있는 철과 타이타늄의 양에 따라 색이 깊어져요. 분홍색이나 노란색, 녹색을 비롯한 여러 색으로 존재하기도 하는데 이런 보석을 '팬시 사파이어'라고 하지요.

사파이어 표본

타원형의 복숭아색 사파이어

사파이어 원석

사파이어 결정

파란색 사파이어 원석

진한 파란색 사파이어 원석

종류: 산화물
색: 무색, 노란색, 파란색, 자주색, 분홍색, 붉은 주황색, 갈색, 녹색, 보라색
굳기: 9
쪼개짐: 없음
깨짐: 패각상부터 불평탄
광택: 금강광택부터 유리광택
조흔색: 무색
비중: 4.0~4.1
투명도: 투명부터 반투명
결정계: 육방정계, 삼방정계
쓰임새: 장식용 보석, 시계 부품, 과학 장비, 반도체와 집적회로, 창문용 사파이어 유리

골든 테일 사파이어

사진의 작은 벌새는 남아메리카 대륙과 트리니다드섬, 토바고섬의 숲에 살아요. 머리와 가슴의 선명한 푸른색 덕분에 '골든 테일(황금 꼬리) 사파이어'라는 이름이 붙었지요. 이 아름다운 푸른 보석의 이름이 붙은 새는 남아메리카 대륙 너머에도 여러 종이 있어요.

사파이어와 왕족

사파이어, 특히 푸른 사파이어는 왕족들의 왕관에서 반짝임을 더하는 보석이에요. 사파이어는 여러 세기에 걸쳐 지혜와 신의 은총을 상징했어요. 지배 집단에게는 아주 중요한 상징성이지요. 왕족들은 사파이어를 착용함으로써 힘과 권력을 과시할 뿐만 아니라 호의와 현명한 판단력을 보여 주었답니다.

나폴레옹과 조세핀

2013년 3월 24일, 나폴레옹이 1796년 약혼식에서 미래의 아내인 조세핀에게 선물한 반지가 약 11억에 팔렸어요. 경매 회사는 이 반지가 조롱박 모양 사파이어 2개와 다이아몬드 보석으로 장식된 '단순한' 형태라고 묘사했지요. 당시에 나폴레옹은 젊었고 가진 돈도 아주 적었다고 해요.

성 바츨라프의 왕관

성 바츨라프의 왕관은 지금의 체코 공화국인 보헤미아의 보석 왕관 중 하나예요. 1347년에 카렐 4세의 대관식을 위해 제작된 이 순금 왕관은 총 19개의 사파이어와 44개의 첨정석, 1개의 루비, 30개의 에메랄드, 20개의 진주로 장식됐어요.

세르비아의 왕관

카라조르제비치 왕관은 세르비아 왕 페테르 1세(1903~1921년 통치)의 대관식을 위해 1904년에 만든 보석 왕관이에요. 프랑스 파리의 팔리즈 형제는 보석과 청동을 함께 사용해 왕관을 만들었어요. 3개월 동안 작품을 완성한 팔리즈 형제는 세르비아의 성 사바 훈장을 받았답니다.

2명의 왕세자비를 위한 반지

영국의 윌리엄 왕세자는 2010년 케이트 미들턴에게 청혼했어요. 1981년에 왕세자의 어머니인 다이애나 왕세자비가 찰스 왕세자와의 약혼을 위해 선택한 이 파란색 사파이어 반지는 윌리엄과 케이트의 약혼식 반지가 됐지요. 18K 금반지 중앙의 12캐럿짜리 푸른 타원형 실론 사파이어를 14개의 작은 다이아몬드가 감싸고 있어요.

루비

붉은 강옥

비둘기와 다이아몬드는 어떤 연관성이 있을까요? 바로 루비예요. 루비는 엄청나게 희귀한 보석이기 때문에, 세공할 수 있을 만큼 단단하고 큼지막한 루비는 비슷한 크기의 다이아몬드보다도 비싸요. 루비는 분홍색부터 보라색까지 다양한 색을 띠어요. 그중에서도 '비둘기의 피'라고 부르는 깊고 진한 빨간색의 루비가 가장 인기랍니다.

루비 표본

모암에 있는 루비 결정

장석에 자란 루비 결정

커다란 루비 결정

자라난 루비 결정들

종류: 산화물
색: 붉은색
굳기: 9
쪼개짐: 없음
깨짐: 패각상부터 불평탄
광택: 금강광택부터 유리광택
조흔색: 무색
비중: 4.0~4.1
투명도: 투명부터 반투명
결정계: 육방정계, 삼방정계
쓰임새: 장식용 보석, 루비 레이저, 연마제, 시계 부품

마르코 폴로와 쿠빌라이 칸
이탈리아의 탐험가 마르코 폴로(1254~1324년)는 이런 글을 남겼어요. 몽골의 황제 쿠빌라이 칸은 실론의 왕에게 주먹만 한 루비 하나를 바치면 도시 하나를 주겠다고 말했지요. 하지만 실론의 왕은 선조에게 물려받은 루비를 후손들에게 넘겨주어야 한다며 거절했답니다.

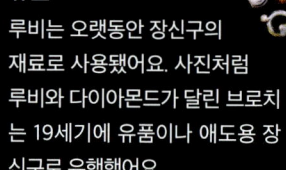

유품
루비는 오랫동안 장신구의 재료로 사용됐어요. 사진처럼 루비와 다이아몬드가 달린 브로치는 19세기에 유품이나 애도용 장신구로 유행했어요.

크리슈나를 기리며
산스크리트어를 쓰는 곳에서는 루비를 '귀중한 돌의 왕'이라 불러요. 전설에 따르면 화가 난 신들이 악마 '발라'를 물리쳤을 때 발라가 흘린 피가 모두 루비로 변했다고 해요. 고대 힌두인들은 신 '크리슈나'에게 루비를 바치면 황제로 다시 태어날 수 있다고 믿었답니다.

루비 결정
루비는 자연광만 받아도 형광을 내요. 루비 결정은 햇빛의 자외선 에너지를 받아들였다가 낮은 에너지 준위의 가시광선으로 방출하지요. 덕분에 햇빛 아래에서 색이 강해진답니다.

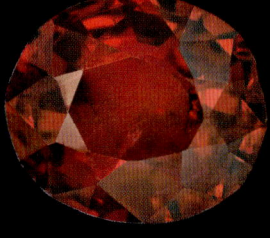

타원형 루비
루비는 라틴어로 '붉다'는 의미예요. 다이아몬드의 뒤를 이어 세상에서 두 번째로 단단한 보석인 루비는 깎아 내기 아주 힘들어요. 주로 육각형이나 타원형, 쿠션형으로 세공을 하지요.

흑태자 루비
세계에서 가장 유명한 루비로 알려진 이 보석은 사실 루비가 아니라 아주 큰 붉은색 첨정석이에요. 영국의 보석 왕관 가운데 하나인 대영제국 왕관에 박혀 있는 커다란 보석이지요. 세계 전역에서 왕관에 들어간 '루비' 상당수는 첨정석이랍니다.

다이아몬드

순수 탄소

대부분의 다이아몬드는 적어도 10억 년이 넘는 연대를 자랑해요. 그보다 3배는 오래된 다이아몬드도 있답니다. 160킬로미터 깊이에서 어마어마한 열과 압력으로 탄생해 화산이 폭발하며 끌려 올라온 만큼 다이아몬드는 아주 특별해요. 다른 어떤 보석보다도 눈부신 반짝임을 가지고 있는 데다 아주 단단해서, 같은 다이아몬드가 아니고서야 충격을 줄 수도 없지요.

다이아몬드 표본

종류: 원소광물
색: 무색, 흰색, 노란색, 붉은색, 분홍색, 붉은색, 파란색, 갈색, 검은색
굳기: 10
쪼개짐: 완전
깨짐: 패각상
광택: 금강광택
조흔색: 흰색
비중: 3.5
투명도: 투명부터 불투명
결정계: 입방정계
쓰임새: 장신구, 연마용 원반, 드릴 날, 톱날, 연마제, 스피커

모암에 있는 다이아몬드 원석

세공하지 않은 다이아몬드 원석

니콜라이 레스코프의 다이아몬드

산업용 다이아몬드

다이아몬드 눈

인도에서 대다수 여신이나 신의 모습을 한 신상의 눈에는 다이아몬드가 박혀 있어요. 인도 구자라트주에서는 전 세계에 팔리는 천연 다이아몬드의 90퍼센트를 자르고 세공해요. 인도 경제에서 다이아몬드는 아주 중요한 보석이랍니다.

브릴리언트 컷 다이아몬드

다이아몬드는 세공을 거치고 나면 다른 원석과는 전혀 다른 방식으로 빛을 반사해요. 사진처럼 브릴리언트 컷으로 세공한 다이아몬드는 수많은 면으로 빛을 반사하며 눈부신 광택을 자랑해요.

호프 다이아몬드

인도의 골콘다 지역에서 발견됐다고 알려진 이 전설적인 푸른 다이아몬드는 많은 주인의 손을 거쳤지요. 1668년에 보석을 산 프랑스의 루이 14세부터 영국의 조지 4세, 보석에게 이름을 남긴 헨리 필립 호프를 거쳐 1909년 피에르 카르티에의 손에 들어갔답니다. 무게 45.52캐럿(9.10그램)인 이 다이아몬드는 현재 미국 스미스소니언 자연사박물관에서 전시 중이에요.

55캔크리 e

고대 그리스와 로마인 들은 다이아몬드가 신이 흘린 눈물이거나 별똥별의 파편이라고 믿었어요. 사실 그리 틀리지 않은 추측이랍니다. 우주 어딘가에 다이아몬드로 이루어진 행성이 있을지도 모르니까요. 2005년, 천문학자들은 항성 55캔크리의 궤도를 도는 행성을 발견했어요. '55캔크리 e'라는 이름을 가진 이 행성은 주로 다이아몬드로 이루어져 있다고 추측돼요.

세계에서 가장 큰 세공 다이아몬드는 무색의 **컬리난 다이아몬드**를 세공한 **'아프리카의 위대한 별'**이에요.

점판암 광산

다이아몬드는 우리가 알고 있는 천연물질 중에서 가장 단단해요. 화학 물질에도 강하지요. 이 두 가지 특성 덕분에 다양한 산업에서 절단 도구로 사용하기에 딱 맞지요. 석유를 시추할 때 드릴의 날로 사용할 수 있고 작은 다이아몬드 알갱이를 금속에 박아 암석을 뚫기도 해요. 사진은 점판암 광산에서 벽을 뚫는 다이아몬드 톱이에요.

다이아몬드 197

다이아몬드 결정

다이아몬드는 가끔 화산 활동이나 분출이 일어나는 장소에서 바로 발견되거나 물살에 실려 개울과 강바닥에 쌓이곤 해요. 하지만 대부분은 '킴벌라이트'라고 하는 푸른 화성암에서 나온답니다. 킴벌라이트는 아주 높은 온도와 어마어마한 압력에 의해 지각 아래 깊은 곳에서 만들어져요. 킴벌라이트 마그마는 화산이 분출하며 지각 위로 올라오는데, 위로 이동하는 과정에서 외부의 암석을 뜯어내 품어요. 이렇게 잡힌 암석을 '포획암'이라고 하지요. 다이아몬드는 킴벌라이트의 포획암 가운데 하나랍니다. 다이아몬드는 대부분 36억~10억 년 전에 만들어졌어요.

터키석

수화 구리

고대 아프리카와 아시아, 아메리카 대륙 사람들은 모두 장식용 보석으로 터키석을 사용했어요. 아름다운 청록색이 매력적인 터키석은 상대적으로 부드러워 모양을 만들기 쉬웠어요. 터키석은 그 이름을 딴 색깔이 있을 정도로 인기를 얻었답니다.

터키석 표본

터키석 카보숑

장식용 터키석

모암에 있는 터키석

장식용 터키석

터키석

암석 종류: 인산염
색: 하늘색, 청록색, 연두색, 노란색, 갈색
굳기: 5~6
쪼개짐: 양호
깨짐: 패각상
광택: 밀랍광택부터 토상광택
조흔색: 흰색부터 담녹색, 붉은 계열의 흰색
비중: 2.6~2.8
투명도: 불투명
결정계: 삼사정계
쓰임새: 장신구, 장식품, 카보숑, 수집품, 타일

투탕카멘의 황금 가면
고대 이집트인들은 세라빗 엘-카딤 광산에서 터키석을 캤어요. 기원전 1323년에 사망한 젊은 파라오 투탕카멘을 위한 장례용 가면은 단단한 황금에 터키석과 청금석, 홍옥수, 석영, 흑요석, 색유리를 장식해 만들었어요.

터키석 가면
중앙아메리카 아즈텍 문명의 터키석 가면이에요. 1400~1521년경에 제작된 이 가면은 터키석의 제왕이자 불의 신이며 모든 생명을 창조한 신 '시우테쿠틀리'를 나타내요.

셰이크 루트폴라
이란의 이스탄불에서 17세기 초에 세워진 셰이크 루트폴라 사원은 매우 정교한 터키석 타일로 유명해요. 이란에서는 다른 나라의 지배자를 위한 선물로 외교관들에게 터키석을 선물하기도 했어요.

이란에서는 약 2,000년 전부터 **터키석**을 **채굴**했어요. 이 **지역**의 터키석은 **고유의 색**으로 유명해요.

푸른 비
아메리카 대륙에 전해지는 전설에 따르면 내리는 비를 반기며 춤을 춘 선주민들이 흘린 기쁨의 눈물이 비와 섞여 땅에 스며든 뒤 '하늘에서 떨어진 돌' 터키석이 됐다고 해요. 그래서 예로부터 나바호와 아파치, 주니 부족은 보호와 치유를 기원하며 터키석을 착용했답니다. 최근 들어 나바호족은 터키석으로 장식품을 만들어 팔기 시작했어요.

터키석 표본
터키석은 말 그대로 '터키의 돌'이라는 뜻이에요. 보통 건조한 사막 지역에서 알루미늄 성분이 풍부한 구리 매장 층의 암석에 주변 지하수가 스며들면서 만들어지죠. 일반적으로 구리의 함량이 높을수록 더 푸르답니다.

옥

규산염

옥은 양면의 동전과도 같아요. 아주 단단해서 수천 년 전부터 무기나 도끼머리로 사용하곤 했지만, 아름다운 보석으로 많은 사랑을 받기도 했지요. 1863년에 들어선 후에야 프랑스의 한 과학자가 중국과 남아메리카 대륙의 옥 제품이 경옥과 연옥이라는 서로 다른 두 가지 광물로 이루어져 있다는 사실을 밝혀냈답니다.

연옥 표본
유럽에서는 연옥이 신장의 병을 치료할 수 있다고 믿었어요. 사진은 투섬석이나 녹섬석의 섬유질 결정으로 이루어진 각섬석이에요. 연옥은 경옥보다 흔하고 약간 더 부드럽지만, 구조가 빽빽해서 단단해요.

옥 표본

모암에 있는 연옥

모암에 자란 연옥 결정

가공하지 않은 옥 결정

옥석

연옥석

종류: 옥 계열
색: 밝은 녹색부터 짙은 녹색, 검정 계열의 노란색부터 갈색, 분홍색, 붉은색, 흰색
굳기: 경옥 6.5~7, 연옥 6~6.5
쪼개짐: 양호, 완전
깨짐: 파편, 불평탄
광택: 유리광택, 토상광택부터 지방광택
조흔색: 흰색
비중: 경옥 3.30~3.38, 연옥 2.9~3.03
투명도: 투명부터 불투명
결정계: 단사정계
쓰임새: 장신구, 장식품, 카보숑, 조각, 수집가의 수집품

옥으로 만든 선물
1786년 인도의 지배자 아사프 우드 다울라는 프랑스의 유명한 장군 클로드 마르탱에게 연옥으로 만든 자루가 달린 칼을 선물했어요. 자루가 옥으로 만들어진 칼은 아주 드물어요. 사진의 칼은 칼자루 끝이 전형적인 둥근 모양을 하고 있고 꽃무늬 장식은 루비와 에메랄드, 황금으로 꾸몄어요.

옥으로 만든 수의

고대 중국의 옥으로 만든 수의는 서기 320년경에 최초로 기록됐어요. 왕족의 장례를 위해 만들어진 이 수의는 사후 세계의 나쁜 영혼을 물리쳐 주고 부패를 막는 갑옷 역할을 했지요. 수의에는 2,000개 이상의 옥 판이 황금과 은으로 엮여 있답니다.

경옥 표본
중앙아메리카를 침략한 스페인의 정복자들은 옆구리에 경옥을 끼고 다니는 중앙아메리카 사람들의 모습을 보고 놀랐어요. 중앙아메리카 사람들은 경옥이 통증을 없애줄 거라고 믿었거든요. 경옥은 맞붙린 괘립형 결정을 가진 휘석 광물이에요.

올멕의 호랑이
중앙아메리카 사람들은 옥을 아주 귀중히 여겨 신의 석상이나 가면을 포함해 귀중품을 조각할 때 쓰곤 했어요. 올멕 문명(기원전 1700~400년)의 장인이 만든 이 조각품은 호랑이나 오실롯으로 보여요.

옥 장신구
옥은 수천 년 동안 장신구로 인기를 끌었어요. 카보송으로 만들거나 세공 후 펜던트에 걸기도 하고 구슬 형태로 아름다운 팔찌와 목걸이를 만들었지요. 가장 귀한 품종은 '임페리얼 옥'이에요. 미얀마에서 채취한 밝은 녹색의 옥이지요.

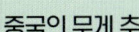

중국의 무게 추
중국에서 옥은 4,000년이 넘는 역사를 자랑해요. "아름다운 옥 작품 하나가 도시 15개보다 가치 있다"는 말이 있을 정도랍니다. 중국인들은 옥을 장신구로 착용하거나 집 안 장식에 썼고, 옥으로 제사나 장례 의례를 위한 물건을 만들기도 했어요. 오른쪽의 무게 추까지도 옥으로 만들었지요.

청금석

천람석 보석

청금석은 여러 광물로 이루어졌기 때문에 보석보다 암석에 가까워요. 청금석의 25퍼센트에서 40퍼센트를 차지하는 주요 물질은 다채로운 파란색의 천람석이지요. 황철석으로 인해 황금색 반점이 나타나기도 해요. 고대 이집트인들은 청금석으로 무덤을 장식했고, 청금석을 곱게 갈아 화려한 푸른색 눈 화장에 사용하기도 했답니다.

암석 종류: 규산염
색: 강렬한 색조를 가진 다양한 파란색
굳기: 5~5.5
쪼개짐: 불명료
깨짐: 불평탄, 취성
광택: 토상광택부터 유리광택
조흔색: 밝은 파란색
비중: 2.4
투명도: 반투명부터 불투명
결정계: 입방정계
쓰임새: 장신구, 조각 장식품, 카보숑, 수집가의 수집품

장신구
청금석은 6,000년 이상 사람들에게 사랑을 받아왔어요. 카보숑이나 구슬로 연마하거나, 다이아몬드와 청금석으로 만든 사진의 목걸이처럼 펜던트로 만들기도 했지요.

군청색
청금석을 곱게 갈아 염료로 사용해요. 1665년경 네덜란드 화가 페르메이르가 그린 〈진주 귀걸이의 소녀〉를 포함해 여러 명화에 쓰인 염료랍니다.

청금석 표본

청금석 원석

연마한 청금석

황철석 내포물과 대리암과 함께 자란 청금석

오시리스
고대 이집트에서 단단한 황금과 청금석으로 만든 조각(기원전 1069~1030년경)은 신전 의식을 위해 가슴에 걸쳤던 것으로 여겨져요. 이집트의 신 '오시리스'가 청금석 기둥에 웅크리고 있지요.

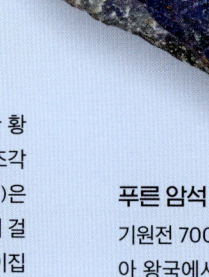

푸른 암석
기원전 700년, 당시 박트리아 왕국에서 청금석이 처음 발견된 이후부터 아프가니스탄 북동 지역에서 청금석을 채굴해 왔어요. 지금도 이 지역은 강렬한 푸른 돌의 주요 생산 지역이지요.

흑옥

갈탄

흑옥은 석탄(132~133쪽을 보세요)과 같이 검은 유기물로 이루어진 암석이에요. 하지만 석탄과 달리 수억 년 전 바다로 휩쓸려간 나무에서 만들어졌지요. 영국 해안가에서 흑옥을 수집한 로마인들은 진한 검은색과 모양을 내기 쉬운 부드러운 특성에 감탄했어요.

암석 종류: 유기물 보석
색: 검은색, 갈색
굳기: 2.5
쪼개짐: 없음
깨짐: 패각상
광택: 벨벳광택부터 밀랍광택
조흔색: 검은색부터 짙은 갈색
비중: 1.3
투명도: 불투명
결정계: 없음
쓰임새: 장신구, 장식품, 구슬, 조각, 수집가의 수집품

흑옥 표본

흑옥 원석

흑옥 원석

갈탄 암석
흑옥에 황철석 내포물이 들어가면 금속광택이 나곤 해요. 1억 8,500만~1억 7,500만 년 전경 쥐라기 초기에 번성했던 침엽수가 화석화하며 만들어진 영국 휘트비의 흑옥은 특히 순수하고 단단해요.

흑옥 구슬 목걸이
흑옥은 세공 후에 아주 깊은 검은색으로 반짝여요. 인간은 수천 년 동안 흑옥으로 구슬을 만들어 목걸이나 묵주로 사용했지요.

애도의 보석
흑옥은 수백 년 동안 죽음을 떠올리게 하는 보석이었어요. 1861년 영국의 여왕 빅토리아는 남편 앨버트 공이 죽자 크게 상심했어요. 그리고 죽는 날까지 남편을 위한 애도의 시간을 가졌지요. 덕분에 검은색이 유행처럼 번졌고 사람들은 흑옥으로 브로치와 펜던트를 포함한 애도의 보석을 조각해 착용했어요.

진주

탄산칼슘

진주는 살아 있는 동물이 만든 유일한 보석이에요. 굴이나 홍합은 껍데기 안에 들어온 이물질에 자극을 받으면 껍데기에서 나오는 물질로 이물질에 진주층을 입혀요. 더 많은 층을 씌울수록 진주의 크기가 커지지요. 진주는 부드러워서 다듬거나 열을 가할 때 상처가 날 수 있답니다.

암석 종류: 유기물 보석
색: 흰색, 미색, 분홍색, 노란색, 녹색, 파란색, 검은색
굳기: 2.5~3.5
쪼개짐: 없음
깨짐: 불평탄, 취성
광택: 진주광택
조흔색: 흰색
비중: 2.7
투명도: 불투명
결정계: 비결정형
쓰임새: 장신구, 단추, 중국 전통 약재, 운모석: 요리, 가구를 비롯한 물건의 상감 무늬

진주 귀걸이
고대 중국의 신화에 따르면 용들이 서로 싸울 때 하늘에서 진주가 떨어졌다고 해요. 일부 문화권에서는 진주가 신의 눈물이라고 생각했어요. 지금도 사람들은 진주가 부와 행운, 보호의 보석이라고 믿고 있지요.

진주의 값
1916년 프랑스의 보석상 자크 까르띠에는 미국 뉴욕 5번가에 보석 가게를 열었어요. 자크는 땅값으로 진주 목걸이 2개를 지불했지요. 지금은 전 세계 125개국에 200개가 넘는 까르띠에 상점이 있답니다.

진주 표본
민물진주
양식진주

미키모토 고키치
전 세계적으로 진주 양식업을 성공시킨 인물의 동상이에요. 덕분에 많은 사람이 진주를 저렴한 가격으로 살 수 있게 됐지요.

진주의 탄생
굴과 홍합은 아주 고운 진주를 만들지만 이런 천연 진주는 무척이나 희귀해요. 그래서 진주 양식장에서 양식진주를 키우기도 하지요. 완벽하게 같은 모양의 진주 한 줄을 얻기 위해서는 1만 개가 넘는 진주를 키워야 한답니다.

산호

탄산칼슘 또는 콘키올린(소가비 난백질)

따뜻한 열대 기후의 바닷속에서 자라는 보석이에요. 산호는 암석이 많은 해저에서 자라는 산호충의 딱딱한 뼈대예요. 붉은색이나 흰색, 검은색, 푸른색의 아름다운 색을 띠지만 색이 희미해질 수 있답니다.

- **암석 종류**: 유기물 보석
- **색**: 흰색, 붉은색, 분홍색, 주황색, 황금색, 검은색, 파란색
- **굳기**: 3~4
- **쪼개짐**: 없음
- **깨짐**: 잘게 부서짐
- **광택**: 토상광택부터 유리광택, 밀랍광택
- **조흔색**: 흰색
- **비중**: 2.6~2.7
- **투명도**: 반투명부터 불투명
- **결정계**: 비결정형
- **쓰임새**: 장신구, 카보숑, 조각 장식품, 수집가의 수집품

산호 표본

분홍색 산호

흰색 산호 가지

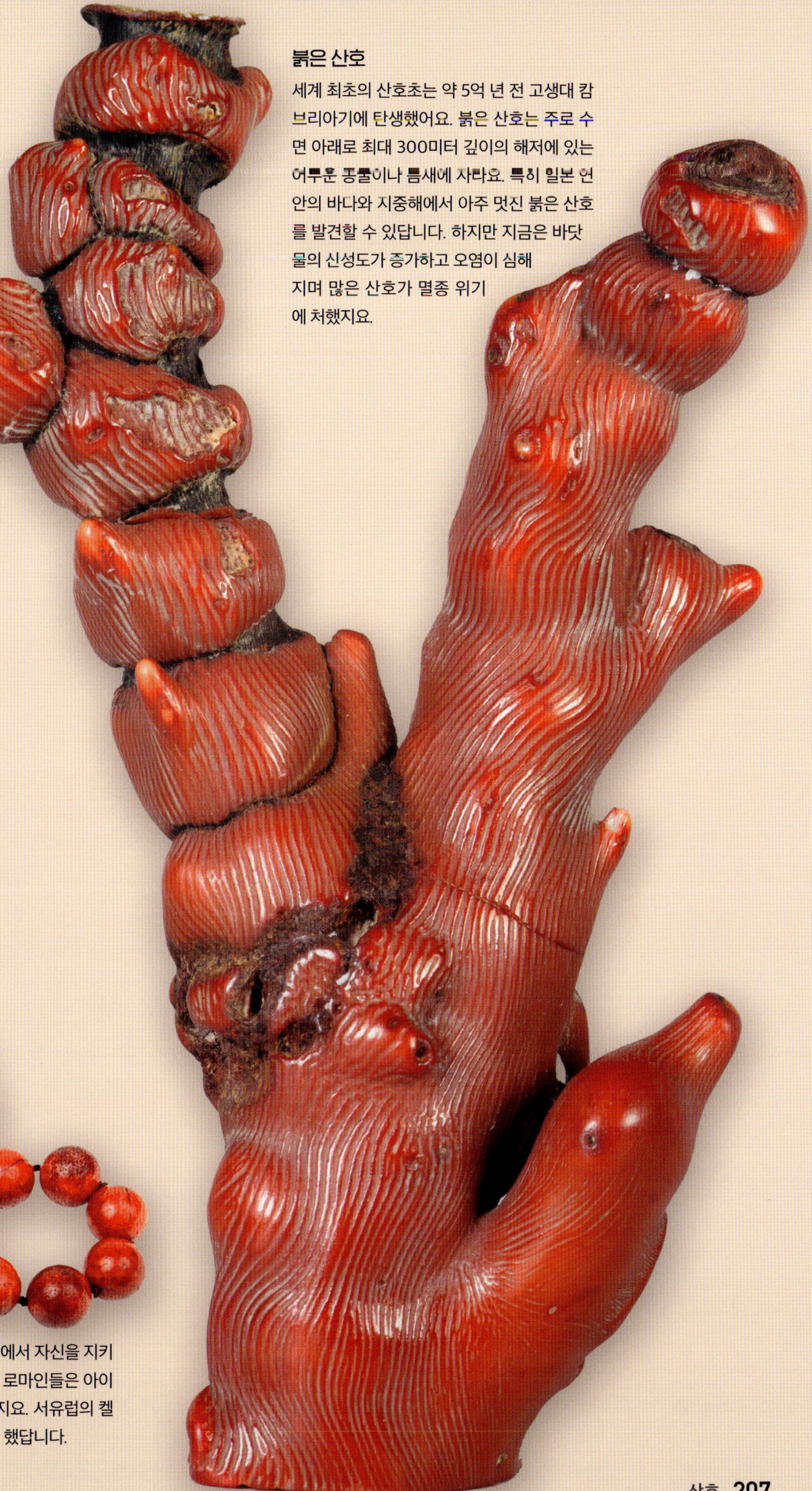

붉은 산호

세계 최초의 산호초는 약 5억 년 전 고생대 캄브리아기에 탄생했어요. 붉은 산호는 주로 수면 아래로 최대 300미터 깊이의 해저에 있는 어두운 동굴이나 틈새에 자라요. 특히 일본 연안의 바다와 지중해에서 아주 멋진 붉은 산호를 발견할 수 있답니다. 하지만 지금은 바닷물의 산성도가 증가하고 오염이 심해지며 많은 산호가 멸종 위기에 처했지요.

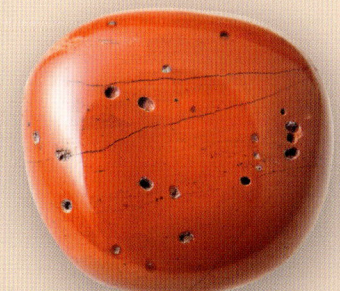

붉은 산호 돌
보석으로 쓰이는 산호는 대부분 붉은 산호예요. 고대 그리스 신화에서 영웅 페르세우스는 뱀 머리를 가진 괴물 메두사를 죽였어요. 페르세우스가 손을 씻는 중에 메두사의 머리에서 바다로 떨어진 피가 붉은 산호를 만들었다고 해요.

보호해 주는 돌
오래전부터 사람들은 태풍과 전염병, 역병에서 자신을 지키기 위해 붉은 산호를 착용해 왔어요. 고대 로마인들은 아이들의 목에 산호 가지를 걸어 위험을 쫓았지요. 서유럽의 켈트족은 투구나 무기에 산호 보석을 붙이곤 했답니다.

아름다운 붉은 존재
사슴뿔처럼 생긴 붉은 산호에서 흰색 산호충이 가지처럼 뻗어 나왔어요. 붉은 산호는 세계 전역의 수집가들이 열광하는 피처럼 강렬한 붉은색을 띠지요. 수천 년 동안 산호는 구슬을 비롯한 장신구로 탈바꿈해 왔어요. 예로부터 산호를 착용한 사람은 위험으로부터 안전하고 부와 번영을 얻을 수 있었다고 해요. 산호 숭배의 중심지인 지중해를 비롯한 그 일대의 문화권에서는 이제 환경운동가들이 빠르게 멸종 위기종으로 변해가는 산호를 어떻게 하면 효과적으로 보호할 수 있을지 논의하고 있답니다.

호박

송진 화석

유기물로 이루어진 호박은 흑옥이나 진주처럼 생명체에서 탄생해요. 수백만 년 전에 묻힌 나무 수액이 화석화한 존재지요. 송진이 단단해지며 투명하고 부드러운 보석으로 재탄생한 호박은 보통 해변에 실려 오거나 셰일에 보존된 채로 발견돼요. 최근에는 기원전 1만 2,000년으로 거슬러 올라가는 호박 부적과 펜던트가 발견됐어요.

호박 표본

가공하지 않은 모암 속 호박

가공하지 않은 호박

호박 단괴

종류: 유기물 보석
색: 노란 계열의 주황색, 갈색 계열, 붉은색 계열
굳기: 2~2.5
쪼개짐: 없음
깨짐: 패각성
광택: 수지광택
조흔색: 흰색
비중: 1.0~1.1
투명도: 투명부터 반투명
결정계: 비결정형
쓰임새: 장신구, 장식품, 수집가의 수집품, 건축 재료, 광택제, 향, 의약품

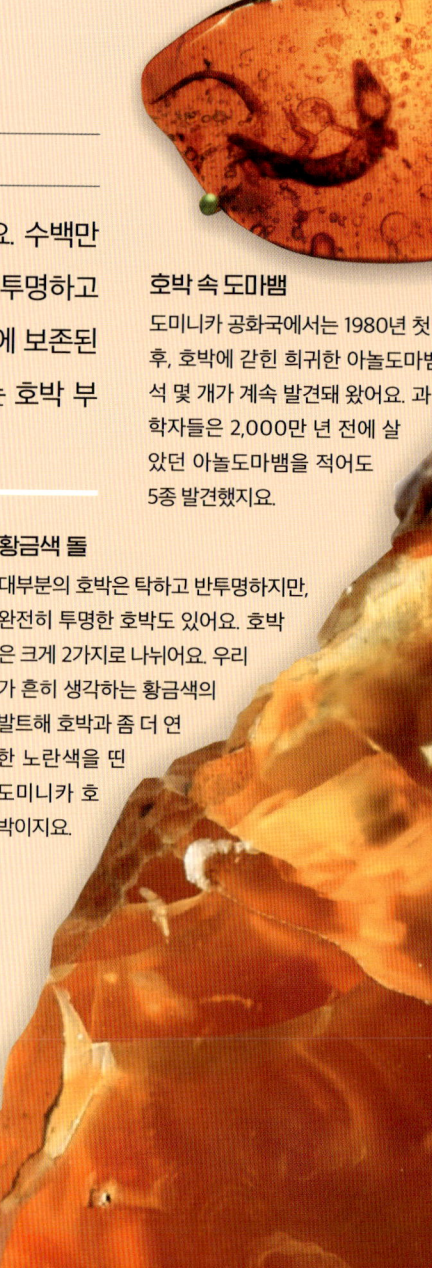

호박 속 도마뱀

도미니카 공화국에서는 1980년 첫 발견 이후, 호박에 갇힌 희귀한 아놀도마뱀 화석 몇 개가 계속 발견돼 왔어요. 과학자들은 2,000만 년 전에 살았던 아놀도마뱀을 적어도 5종 발견했지요.

황금색 돌

대부분의 호박은 탁하고 반투명하지만, 완전히 투명한 호박도 있어요. 호박은 크게 2가지로 나뉘어요. 우리가 흔히 생각하는 황금색의 발트해 호박과 좀 더 연한 노란색을 띤 도미니카 호박이지요.

먼 옛날의 공기

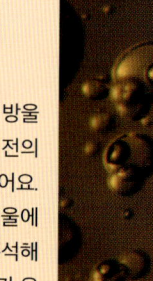

호박 속 아주 미세한 방울 안에는 3,000만 년 전의 물과 기체가 갇혀 있어요. 과학자들은 공기 방울에서 추출한 공기를 분석해 호박 안에 갇힌 공기가 우리가 지금 호흡하는 공기와 크게 다르지 않다는 사실을 밝혀냈답니다.

고대 로마의 검투사들은 싸움에서 승리하기 위해 옷 안쪽에 호박 조각을 꿰매 넣었어요.

사라진 호박

1716년에 프로이센의 왕 프리드리히 빌헬름 1세는 러시아의 황제 표트르에게 보석으로 뒤덮인 '호박의 방'을 선물했어요. 이 방은 18개의 커다란 상자에 나누어 담긴 채로 도착했고, 1755년에 마침내 차르스코예 셀로 지역의 예카테리나 궁전에 설치됐답니다. 하지만 약 2세기 후 궁에 쳐들어온 나치군이 호박의 방을 챙겨 쾨니히스베르크로 이동했어요. 1943년에 호박의 방은 다시 기차에 실렸지만 그대로 사라져 다시는 볼 수 없게 됐지요.

호박으로 변신

끈끈한 송진에 닿은 모든 물체는 그 안에 갇히고 말아요. 그중에는 곤충 사체나 식물 잔해도 있답니다. 송진이 단단해지면 매끈하고 투명한 코펄이 되고, 그보다 더 단단해지면 호박으로 변하지요. 장신구 중에는 호박이 아닌 코펄을 쓴 것도 있어요.

호박 211

완벽한 보존

호박 속에 갇힌 곤충의 화석이에요. 이 호박은 신생대 제3기 초인 6,000만 년 전에 살았던 침엽수의 송진이에요. 끈적끈적한 송진이 곤충을 감싼 후 단단해지면서 곤충의 사체가 그대로 보존됐지요. 벌이나 말벌, 개미, 파리, 모기 역시 같은 방식으로 보존될 수 있어요. 호박 무덤에 묻힌 사진 속 모기는 발트해의 남쪽 끝에서 발견됐어요. 발트해의 호박은 보통 다른 표류물과 함께 해안으로 실려 오거나 근처 해안가에서 물속에 떨어진 채로 발견된답니다.

각기둥형
각이 있는 기둥을 형성하며 자라는 평행한 직사각형 면

결정화
광물의 물이 증발하거나 온도로 인해 변화하며 결정을 이루는 현상

고철질
짙은 마그네슘과 철 성분이 풍부한 암석의 성질

공극
물이 표면을 용해하며 노출된 석회암이 여러 구획으로 나뉠 때 만들어지는 수직의 균열

관입암
마그마가 지각 안에서 굳어 만들어진 암석 또는 오래된 암석에 침입한 화강암

광맥
암석의 틈 또는 균열을 채운 광물의 얇은 판

광석
채굴을 통해 상업적인 가치가 생기는 금속을 품은 암석이나 광물

광역 변성암
넓은 지역의 일부 또는 특정 지역에서 변성된 암석

광택
광물이 표면에서 빛을 반사할 때 발생하는 반짝임

괴상
광물이 덩어리로 일정한 형태가 없거나 작은 결정으로 이루어진 성질

규장질
밝은색의 규산염 광물이 풍부한 화성암

금강광택
다이아몬드의 광채와 비슷한 광물의 밝은 광택

금덩이
금을 비롯한 귀금속의 작은 덩어리

기공
용암 안에 갇힌 기체에 의해 형성된 화산암의 작은 공간

깨짐
쪼개짐면이나 원자구조와 관계없이 돌이 부서지거나 조각이 떨어져 나오는 현상. 깨짐이 일어난 표면은 보통 울퉁불퉁하다.

내포물
기체나 공기 방울, 내부 균열 등 보석을 통과하는 빛을 방해하는 모든 것

노두
지구 표면에 나타난 암석 지형이나 광맥의 노출된 부분

능면체
길이가 같은 3개의 축이 서로 같은 각으로 교차하는 결정 형태

다각형
직선 변을 3개 이상 가지는 도형

다공성
광물이 공기나 액체가 통과할 수 있는 작은 구멍을 가진 특성

단괴
작고 불규칙한 둥근 덩어리를 이룬 암석이나 광물, 광물 집합체

단백광
오팔에서 나는 뿌연 파란색의 진주광

단사정계
길이가 같지 않은 세 축이 한 축에서 비스듬하게 교차하는 결정계

독성 물질
독이 있는 물질

등각
같은 차원의 같은 축 3개가 직각으로 교차하는 결정계

띠 구조
서로 다른 층이 눈에 띄는 구조

러프 컷
광을 강하게 내지 않아 보석이 자연 상태에 가깝게 보이는 세공법

마그마
땅속에서 결정을 이루거나 지각에서 용암으로 분출할 수 있는 녹은 암석

면
결정이나 원석의 평평한 표면, 세공한 보석에서 잘린 부분

모암
보석이나 광물이 원래 자라던 암석

미정질
맨눈으로 볼 수 없는 작은 결정

반정
화성암의 석기 속에 있는 큰 결정들

반투명
어느 정도 투명한 성질

방사선
눈으로 볼 수 없는 선이나 파동 형태의 에너지

변색
표면의 광택이 탁해지는 현상

부식
화학반응으로 물질이 파괴되거나 부서지는 현상. 금속의 녹은 부식의 일종이다.

분출암
지각 위에서 차갑게 식은 용암이나 화산 물질, 화산재, 이류로 인해 만들어지는 화성암

불투명
투명과 반대되는 개념으로 빛을 통과하지 못하는 특성

브릴리언트 컷
전체를 삼각형 면으로 둥글게 깎는 보석 세공법. 보석의 윗면에서 반사되는 빛의 양을 최대한으로 늘려 더 반짝이게 하는 방법이다.

비결정형
명확한 화학조성이 없어 모양이나 형태가 없는 결정

비현정질
맨눈으로 볼 수 없을 만큼 결정이 아주 고운 광물

사방정계
길이가 다른 3개의 축이 직각으로 교차하는 결정계

삼방정계
삼각형과 같은 모양

석순
동굴 바닥에서 자란 길고 가느다란 탄산염 광물의 퇴적물

석질
돌과 관련 있거나 돌로 이루어진 특성

단어 풀이

수지상 결정
나무와 같은 구조로 가지를 뻗은 결정

심성암
화성암에서 지각 아래 깊은 곳에서 마그마가 굳으며 발생한 암석

쌍결정
함께 자라는 광물 결정이 쌍을 이룬 형태

암맥
이미 존재하던 암석의 균열에서 형성된 암석 판

압축(다짐) 현상
힘에 눌려 압축되는 현상. 광물을 더욱 조밀하게 만든다.

어란상
동그란 원 모양의 방해석층으로 이루어진 성질

역암
둥근 자갈과 바위 크기의 쇄설암이 함께 뭉치며 형성된 퇴적암

열수
암석과 광물이 형성되는 과정에서 온도가 높아져 뜨거워진 물

염료
색을 내는 물질이나 색소

석화
암석으로 변하는 현상

세공
원석을 보석 형태로 갈고 광을 내 모양을 만드는 과정

쇄설암
부서진 암석 조각

수정
맑고 투명한 석영 결정

수지광택
일부 나무의 수액이나 송진과 같은 수지의 노란색 또는 갈색을 닮은 광

엽리상
쪼개질 수 있으며 얇은 나뭇잎을 닮은 층

완전 쪼개짐
거친 표면을 전혀 남기지 않고 쪼개질 수 있는 특성

용암
지각에서 분출한 녹은 암석. 땅속에 있는 용암은 마그마라고 한다.

운석
대기에 의해 완전히 불타 사라지는 대신 지구 표면에 도달한 외부 우주의 암석 조각

원석
아직 깎거나 다듬지 않은 자연 상태의 암석이나 결정

원소
더 간단한 성분으로 쪼개질 수 없는 물질

원소광물
하나의 원소로 이루어져 있으며 다른 물질과 결합하지 않은 광물

원자
원소의 기본 단위. 결정은 규칙적인 양상의 배열을 이루며 반복되는 원자 단위로 구성된다. 원자는 더 작은 전자와 양성자, 중성자로 구성된다.

유리광택
보석이 표면으로 들어온 빛을 30퍼센트보다 적게 반사하며 유리와 비슷한 광이 나는 성질

유리질
유리를 닮은 성질

유성
불에 타며 지구의 대기를 통과한 우주의 천체. 별똥별이라고도 한다.

육방정계
6각과 6면을 가진 결정

응결체
퇴적암에서 발견되는 광물의 둥근 덩어리

이산화규소
석영과 모래를 비롯한 여러 광물에 풍부한 결정질 복합체

입방정계
정육면체 모양

자외선
눈으로 볼 수 없고 에너지가 강한 광선. 자외선은 가시광선보다 파장이 약간 짧고 엑스선보다는 파장이 길다.

자철석
자철석 광물 조각 또는 자연적으로 자성을 가진 암석이나 광물

저면
광물의 기본 결정 면과 평행하게 쪼개지는 특성

저반
마그마가 관입하거나 땅속에서 넓은 공간으로 밀려날 때 형성된 조립질이나 중립질 화성암의 거대한 덩어리

정동
암석의 빈 곳에서 내벽 표면을 덮으며 중앙을 향해 자라는 결정 집합

조류질
푸른색 조류로 덮인 상태

조흔색
가루로 만들었을 때 나타나는 보석 또는 광물의 색

종유석
동굴 천장에 매달린 형태의 길고 가느다란 탄산염 광물의 퇴적물

준광물
명확한 화학식이나 결정 형태를 가지지 않은 물질

중온 광상
지구 내부의 열수 광물 매장 층

지각
지구의 가장 바깥층, 암석 표면의 매장 층이나 피막, 단단한 층

지열
지구의 내부에서 나오는 열

진주광
보석 안에서 빛을 반사해 무지개와 같은 색을 만드는 내부 특성

집합체
기계적인 수단으로 분리할 수 있는 암석 속 광물의 혼합물

쪼개짐
특정 광물이 면을 따라 부러지는 방식. 광물의 원자 구조에 따라 달라진다.

취성
단단하지만 부러지기 쉬운 특성

침상
광물이 작은 돌기를 가진 거친 표면으로 깨지는 모양

카렌
석회암 지면의 구획

카보숑
표면을 면이 없는 부드러운 모양으로 둥글게 세공한 보석

캐럿
보석의 무게를 잴 때 사용하는 측정 단위. 1캐럿은 0.2그램과 같다.

쿠션 컷
모서리와 가장자리를 둥근 사각형으로 다듬는 보석 세공법

단어 풀이

포도상
포도송이를 닮은 형태

포획암
암석 주변에서 마그마가 화성암으로 단단하게 변할 때 붙잡힌 암석 조각

합금
여러 금속의 혼합물 또는 원소로 이루어진 금속의 혼합물

합성광물
실험실에서 만들었지만 자연 광물과 화학 구성과 결정 구조, 물리적, 시각적 특성이 같은 광물

토사
물에 의해 이동해 퇴적물로 쌓인 고운 모래나 토양

형광성
자외선을 비출 때 유색의 빛을 내뿜는 특성. 어둠 속에서 빛을 내는 광물은 형광성이다.

퇴적물
물이나 얼음, 바람에 의해 이동해 퇴적된 토사나 모래, 자갈, 화석 조각과 같은 물질. 퇴적물은 지각 위에 층을 이룬다. 퇴적암은 퇴적물이 굳은 암석이다.

화산력
화산에서 분출한 작은 돌 입자

화산쇄설물
분출한 화산에서 튀어나온 광물

투명
안이 맑게 들여다보이는 성질

화석
암석으로 보존된 과거의 동물이나 식물의 모든 흔적. 뼈나 껍데기, 꽃, 잎, 나무, 발자국 등은 모두 화석으로 남을 수 있다.

판상
평평하고 얇은 결정을 가진 광물의 성질

패각상
조개껍데기의 안쪽과 같이 매끄러운 곡선 모양의 표면

화폐석
선사 시대 해양 생명체의 껍데기를 비롯한 잔해를 포함하는 암석

초등학생이 꼭 알아야 할
암석과 광물

초판 1쇄 2022년 6월 30일
초판 2쇄 2023년 6월 25일

지은이 숀 캘러리 외
옮긴이 이진선

펴낸이 김한청
기획편집 원경은 차언조 양선화 양희우 유자영
마케팅 정원식 이진범
디자인 이성아
운영 설채린

펴낸곳 도서출판 다른
출판등록 2004년 9월 2일 제2013-000194호
주소 서울시 마포구 동교로 27길 3-10 희경빌딩 4층
전화 02-3143-6478   **팩스** 02-3143-6479   **이메일** khc15968@hanmail.net
블로그 blog.naver.com/darun_pub   **인스타그램** @darunpublishers

ISBN 979-11-5633-466-8 73460

* 잘못 만들어진 책은 구입하신 곳에서 바꿔 드립니다.
* 이 책은 저작권법에 의해 보호를 받는 저작물이므로, 서면을 통한 출판권자의
  허락 없이 내용의 전부 또는 일부를 사용할 수 없습니다.

다른 생각이
다른 세상을 만듭니다

다른 포스트

뉴스레터 구독